십대를 위한 꼼지락 작업실

02

소년소녀 처음 소품

우연수집가 지음

뜨인돌

CONTENTS

나는 만들기를 좋아하는 아이였다. 그것만은 확실했다.

〈맥가이버〉라는 미국 드라마에 빠져 첩보원이 되리라 다짐한 적이 있다. 맥가이버는 필요한 것들을 그 자리에서 뚝딱 만들어 내는 말총머리 천재 첩보원이다. 맥가이버의 헤어스타일도 맘에 들었지만 그 남자의 창의력과 손재주가 더 부러웠다.

많은 친구들이 방학 숙제를 어려워하는데 난 그렇게 어렵지 않았다. 한번은 엄마 스타킹으로 꽃다발을 만들어서 여름방학 과제 상을 받은 적도 있다. 여기에는 어느 정도 아버지의 영향도 있다. 아버지는 만들기 숙제를 자주 도와주셨는데 퀄리티가 너무 뛰어나서 난감할 정도였다. 초등학교 2학년 때 한지로 오뚝이를 만드는 미술 수업이 있었다. 교과서는 9살짜리 아이들에게 오뚝이 안에 돌을 집어넣고 바닥에 고정하라는 말도 안 되는 미션을 주었다. 돌을 어떻게 넣었는지는 기억이 안 나는데, 아버지는 철사를 오뚝이 안에 찔러 넣고 펜치로 돌려 돌을 고정시켰다. 다음 날 학교에 숙제를 들고 갔는데 넘어져도 다시 일어나는 오뚝이는 내 것밖에 없었다. 누나는 편지함을 만든 적이 있는데 화려한 색감, 섬세한 물감 칠, 반짝반짝 빛나는 바니시 마감까지 모든 게 완벽해서 상을 받았다. 그런데 누나는 부끄러워했다. 아버지가 도와준다고 하시고는 혼자 다 만드셨기 때문이다. 나는 그때 아버지도, 어른들도 만들기를 좋아한다는 사실을 알았다.

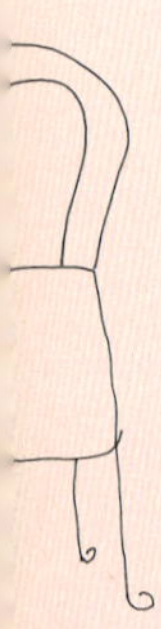

중학생이 되면서 미술 시간은 일주일에 한 번으로 줄었고, 고등학생이 되자 미술 시간은 자습 시간이 되었다. 안타까웠지만 어쩔 수 없었다. 수능 날짜가

다가오면서 진로 고민이 시작됐다. 나는 참 창의적으로 살고 싶었다. 펜팔 누나에게 고민을 털어놓았고 미대 지망생이었던 누나의 조언 덕에 수능을 몇 개월 앞두고 예체능계로 전향했다.

결국 가고 싶었던 디자인학과에 입학해서 장학금도 받고, 졸업해서 번듯한 회사에 취직했다. 그런데 이상하게 재미가 없고 피로만 쌓여 갔다. 클라이언트가 원하는 대로, 직장 상사의 의견에 따라 물건을 만들어 내는 게 내가 생각하던 디자인은 아니었던 거다. 나는 창작에서 가장 중요한 것이 '나'라는 사실을 깨달았다. 내가 표현하고 싶은 대로 나를 표현하는 것이 창작의 가장 큰 매력이다. 그래서 지금은 직장생활도 접고 내가 만들고 싶은 것들을 만들고, 내가 팔고 싶은 것들을 팔면서 연명하고 있다. 내가 어떤 사람인지, 뭘 좋아하는지 모를 때는 어렸을 적 좋아했던 것들을 떠올려 보면 힌트가 튀어나온다. 어른이 되어서는 남들의 시선이나 돈, 명예를 계산하며 꿈을 꾸지만, 어렸을 적 우리는 그냥 재미있어서 좋아했을 뿐이다. 어른이 되고 보니, 거기에 정답이 있다는 생각이 든다.

그래서 나는 만들기를 좋아하는 어른이다.
그것만은 확실하다.

누가 내 직업을 물어보면 디자이너, 작가, 상점 주인, 파워블로거 같은 직함보다는 '무언가를 만들어 내는 사람'이라고 말한다. 어렸을 적 좋아했던 글쓰기, 만들기를 어른이 되어서 다시 해 보니 무척 만족스럽다. 이 책도 그런 과정 가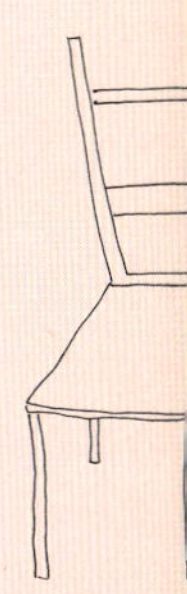

운데 하나다. 소품들을 꼼지락거리면서 만드는 게 재미있었고, 옛 추억을 떠올리며 글을 쓰는 시간도 좋았다. 무엇보다 '내 책'이기 때문에 즐거웠다.

디자인 강국 북유럽은 고등학교 교과 과정에도 공예와 디자인 시간을 많이 할애한다. 눈에 보이는 성과 때문에 미술 교육이 중요하기도 하지만, 만들기를 해야 하는 가장 큰 이유는 '즐겁기' 때문이다. 가장 즐거워야 할 나이에 즐거운 일들을 많이 했으면 좋겠다. 즐거운 일들을 반복하다 보면, 그 일들은 양분이 되어 어른 나무가 될 때까지 꽤 큰 도움을 줄 것이다.

이 책의 아이템들은 인테리어 소품으로 쓰기에도 좋아서 부모님이 더 탐을 낼지도 모르겠다. 신혼집을 꾸미는 새댁한테도, 가게 인테리어를 고민하는 사장님한테도 도움이 될 것이다. 아버지와 내가 그런 것처럼 어른들도 만들기의 재미를 다시 느꼈으면 좋겠다.

1년 가까이 마감 시간을 넘겼음에도 작가가 부담 느끼지 않도록 묵묵히 기다려 준 뜨인돌 출판사에 감사를 드린다. 그리고 촬영 장소를 제공해 준 이웃들이자 만들기의 재미를 이미 알고 있는 어른들(미술관 옆 작업실, 독수공방 센드, 카페 YM)에게도 고마움을 전한다.

서촌에서
우연수집가

소년소녀 여러분,
우리만의 소품 만들러 고고씽!

모두에게 찾아오는 까맣고 푸른 밤.

머리맡에서 따뜻하게 전하는 한마디.

잘 자요.

∧
회전목마 타는 꿈을 꿀까요.

∧
아니면 호두까기 병정이 지켜 주는 꿈을 꿀까요.

● 　　　인테리어에 관심이 많다 보니 전구를 살 일이 많다. 전구를 사서 열어 보면 전구가 흔들리지 않도록 잡아 주는 종이 거치대가 있다. 이 덕분에 유리 전구가 집에 오기까지 깨지지 않는다. 나에게는 '라디오'가 그런 존재였다. 쇠처럼 강하지도, 뽁뽁이처럼 푹신하지도 않지만 종이 거치대처럼 살짝 등을 기댈 수 있는 친구. 라디오는 그런 덤덤한 친구였다.

내 방에는 벽돌처럼 무식하게 생긴 20년 된 검정색 라디오가 있었다. 고등학교 입시에 시달리던 중학생 때는 불을 끄고 침대에 누우면서 자동적으로 라디오를 켰다. 내일 수학 시간에 내 번호가 불리지 않길 간절히 바라면서. 나는 이문세의 〈별밤〉을 듣지 않으면 잠이 잘 오지 않았다. 〈별밤〉은 학교에서 받은 스트레스를 푸는 유일한 해방구였다. 하지만 고등학생이 되면서 야자 때문에 〈별밤〉을 듣지 못했고 그래서인지 자주 악몽에 시달렸다.

취업을 준비하면서 고시원에 틀어박혀 있었을 때, 라디오는 유일한 대화 상대이기도 했다. 외롭고 불안하던 그 시절, 이문세의 〈별밤〉이 성시경의 〈푸른 밤〉으로 바뀌긴 했지만 역시나 라디오를 다 듣고 나서야 잠이 왔다. DJ 성시경의 끝인사였던 '잘 자요' 덕분에 불면증과 빈번한 악몽도 조금은 줄어들지 않았나 싶다.

그런 시절들을 지나 어른이 된 지금, 나는 라디오 같은 사람이 되었을까 생각해 본다. 빛나고 싶은 어린 영혼들이 흔들리지 않게, 깨지지 않게 기댈 수 있는 존재가 되었을까. 그저 취침등만큼만 따뜻하게 말해 주고 싶다.

오늘도 수고했어요.
잘 자요.

두꺼운 A4 종이, A4 크기의 한지나 기름종이, 칼, 풀, 할핀, 전구 소켓, 삼파장 전구, 숙면에 대한 의지

http://me2.do/GQWWZWGY에서 '잘자요.jpg' 파일을 받아서 A4 종이에 출력합니다. 두꺼운 용지에 프린트하는 게 좋아요.

잘 드는 칼로 글씨를 아주 아주 섬세하게 오립니다. '요' 자의 안쪽 동그라미는 잘 보관하세요. 제가 만든 동글동글한 글씨가 오리기 힘들 것 같다면 각진 글씨로 바꿔도 좋구요.

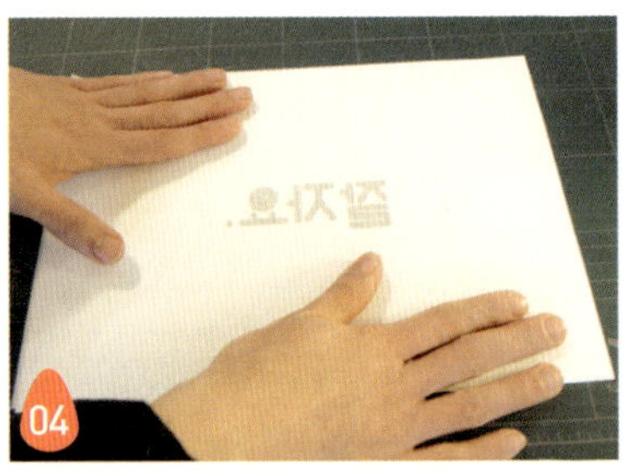

종이 뒷면 전체에 풀을 골고루 바릅니다. '3M 77' 같은 스프레이형 접착제가 있다면 훨씬 편합니다. 종이가 좀 두꺼워야 풀을 발라도 꺼이꺼이 울지 않겠죠?

풀칠한 종이 위에 한지나 기름종이를 붙여줍니다.

05

아까 잘 보관해 둔 '요' 자의 동그라미에도 풀을 발라 한지 위에 잘 붙여 줍니다. 종이와 한지가 잘 붙도록 무거운 책을 30분쯤 올려 놓는 게 좋아요.

06

혼연일체가 된 종이의 '위쪽 양 끝' 모서리에 5밀리미터 정도의 칼집을 내 줍니다.

07

'할핀'이라고 부르는 핀입니다. 문구점에서 쉽게 구할 수 있어요.

08

모서리에 낸 칼집 두 개를 겹친 후에 밖에서 안쪽으로 할핀을 꽂아 줍니다.

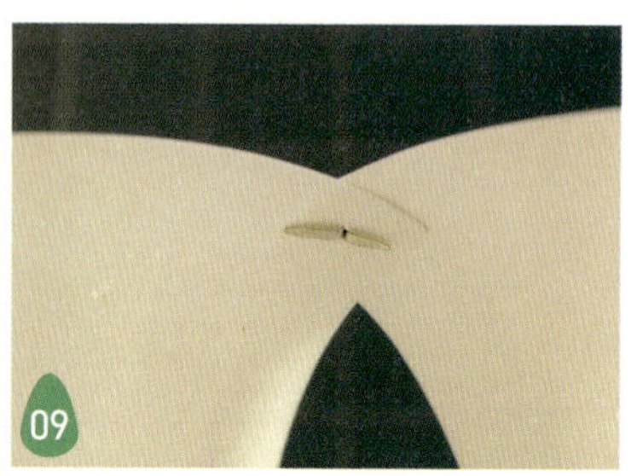

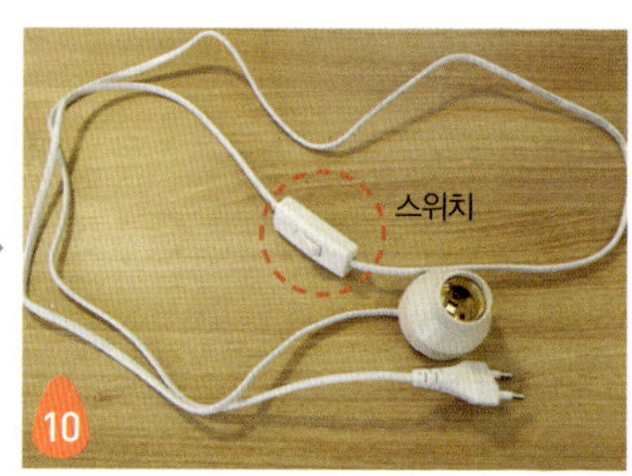

사진처럼 안쪽에서 핀을 벌려 주면 겹친 부
분이 고정이 되겠죠? 보기에 깔끔해서 할핀
을 사용했지만 스테이플러로 쿡 눌러 줘도
됩니다. 풀로 붙이면 떨어질 수도 있어요.

소켓을 준비합니다. 전파사나 조명 가게에
서 쉽게 구할 수 있어요. 스위치가 달려 있
는 게 좋겠죠?

조명은 15와트 '볼 삼파장 전구'를 사용합
니다. 백열 전구는 아주 뜨거워지지만 삼파
장 전구는 60도가 최고 온도예요. 종이 발화
점이 250도 정도니까 종이가 닿아도 탈 염
려가 없어요. 노란빛이 돌아 따뜻한 느낌을
주는 '볼 삼파장 전구색 15와트'를 구입하
세요!

전구를 소켓에 끼우고 불을 켭니다.

소켓에 전등갓을 씌워 주기만 하면 잘 자요 취침등 완성!

수직으로 씌워도 되지만 전구에 비스듬하게 기대면 스탠드 조명 느낌이 납니다.

모두 모두 굿밤~!

고양이도 잘 자요.

SUN | MON | TUE | WED | TUE | FRI | SAT
1 2 3 4 5
6 7 8 9 10 11 12
13 14 15 16 17 18 19
20 21 22 23 24 25 26
27 28 29 30 31

ITEM _ 02
하트 액자

내 마음을 보여 주는 추억 속 사진들을 걸어요.

인연의 실로 엮여 있는 너와 나. 그곳에 매달린 우리들의 추억들.

나를 가장 힘들게 하는 사람은 누구일까. 내가 미워하는 사람? 아니면 나를 싫어하는 사람? 둘 다 아니다. 나를 가장 힘들게 하는 사람은 바로 내가 가장 사랑하는 사람이다.

부모님이 다짜고짜 몰아붙일 때, 가장 친한 친구가 상처 주는 말을 할 때, 이성 친구가 내가 사랑하는 만큼 나를 사랑하지 않을 때 내 가슴에는 못이 박힌다. 상대를 아끼고 기대하는 만큼 상처도 깊어지는 법이다.

그렇다면 나를 힘들게 하는 이런 마음들과 화해하려면 어떻게 해야 할까? 논리적으로 분석하면 될까? 잘잘못을 따져야 할까? 둘 다 아니다. 시간이 지나면 상처가 아물듯, 그동안 쌓아 온 시간과 추억의 힘이 화해를 만들어 낸다. 아버지와 밤낚시할 때 나눴던 이야기, 친구와 땡땡이 치다가 함께 벌 받은 일, 이성 친구와 처음 손을 잡았을 때의 떨림. 사진첩처럼 오롯이 남아 있는 이런 이야기들이 서로를 용서하고 이해할 수 있게 해 준다. 그리고 그렇게 견디고 나면 추억이 하나 더 늘어난다. 그래서 우리는 가능한 한 많은 추억을 만들어야 한다.

중국 설화에 인연은 빨간 실로 묶여 있다는 이야기가 있다. 이따금 마음에 못이 박힌다면 성급하게 뽑아내지 말고 그 못에 인연을 단단히 묶어 두자. 그리고 오랜 시간 함께한 추억을 그 실에다 걸어 두자. 그렇게 하면 마음은 이전보다 더 단단해지고 사랑은 앞으로 더 풍성해질 것이다.

나무 판재(두께 1.5cm 이상), 목재용 못(길이 1.5cm 이상), 흰색 수성 페인트나 아크릴 물감, 페인트용 붓, 털실, 망치, 연필, 지우개, 액자 고리, 못을 박을 수 있는 용기

아파트 재활용 수거함에 가서 버려진 책장 선반이나 판재를 찾아보세요. 못 찾겠다면 목재소에서 적당한 크기의 판재를 구입합니다. 인터넷 쇼핑몰에서 살 수도 있어요. 저는 가볍고 가격이 싼 삼나무 집성목(60×60cm)을 구했습니다. 두께가 1.5센티미터 이상은 되어야 못을 박아 고정할 수 있어요.

흰색 수성 페인트나 아크릴 물감으로 나무판 앞면과 모서리를 칠합니다. 자신이 좋아하는 색으로 칠하면 되고 나무 느낌이 좋다면 칠하지 않아도 괜찮습니다.

페인트는 반짝이지 않는 무광 페인트가 느낌이 더 좋습니다. 두세 번은 칠해야 깔끔해질 거예요. 칠을 할 때는 같은 방향으로 붓질을! 얇게 칠하고 완전히 말린 후에 다시 칠해 주세요.

깔끔한 흰색 보드가 되었습니다. 뒷면은 안 보이니까 굳이 칠하지 않아도 돼요.

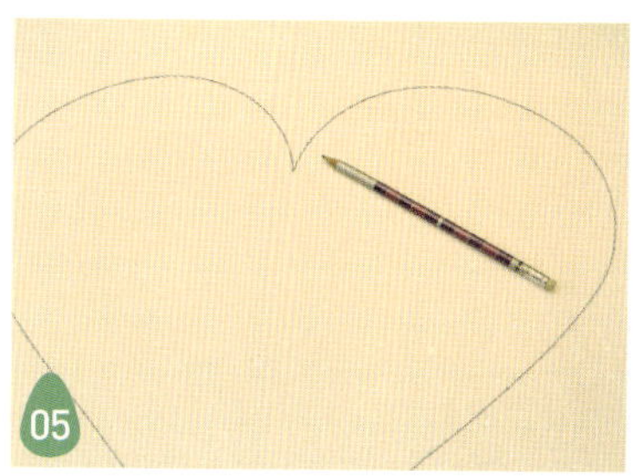

나무판에 연필로 하트를 그려 줍니다. 하트가 싫다면 다른 모양으로 그려도 됩니다.

연필로 그린 하트를 따라서 못으로 살짝 구멍을 낸 후(망치질을 살짝 해 주세요) 연필선은 지우개로 지웁니다. 구멍 간격은 1센티미터 정도가 좋습니다.

첫 번째 못에다, 판재를 뚫고 나가지 않는 적당한 길이를 표시합니다. 저는 1.5센티미터 판재를 썼으니 1센티미터 정도를 박으면 되겠네요.

첫 번째 못을 표시한 깊이만큼 박은 후에 나머지 못을 첫 번째 못과 같은 높이로 박아 줍니다. 높낮이가 조금 다르거나 삐뚤빼뚤해도 괜찮습니다.

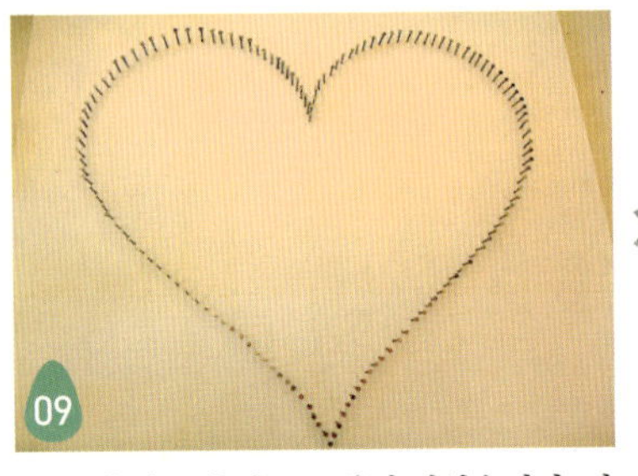

못을 다 박으니 하트 모양이 되었습니다. 이 것만으로도 괜찮은 작품 같죠?

털실을 준비합니다. 저는 하트랑 가장 잘 어 울리는 빨간 털실을 준비했습니다.

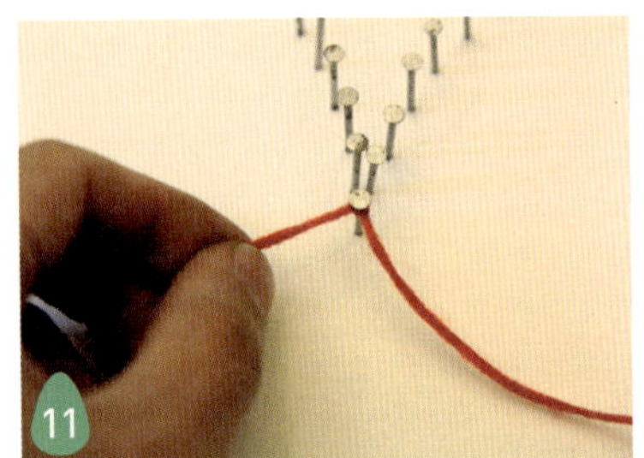

못 하나에다 털실을 단단히 묶어 고정합니 다. 묶고 남은 짧은 쪽 끈은 깔끔하게 잘라 주세요.

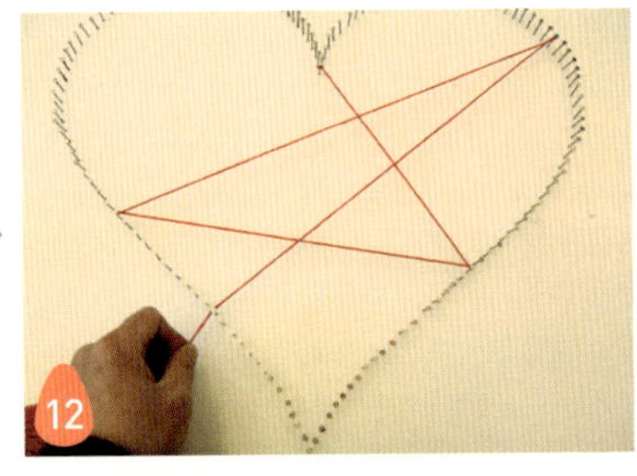

인연의 실을 엮듯이 못에다 털실을 골고루 걸어 줍니다. 모든 못에 한 번씩은 건다는 느 낌으로 하트를 가득 채웁니다. 바로 옆에 있 는 못에는 실을 걸지 말고 반대편에 있는 못 에 걸어야 예쁩니다.

13

하트가 거의 채워졌다면, 털실 끝을 못에다 묶어서 마무리해 주면 빨간 하트 완성! 매듭 지은 실의 끝을 바짝 잘라 깔끔하게 마무리 해 주세요.

14

벽에 걸어 두려면 액자용 고리를 사서 판재 뒷면 중간에 달아 주면 됩니다. 드라이버로 간단하게 고정할 수 있어요. 탁자나 책상 위 에 세워 둘 거라면 굳이 달지 않아도 됩니다.

15

차가운 못과 따뜻한 빨간 실이 제법 잘 어울 리죠? 작은 크기로 만들어도 깜찍할 것 같 네요.

16

작은 집게로 사진을 걸어도 좋아요.

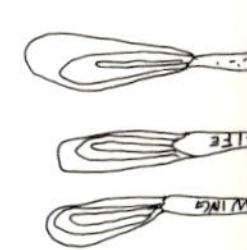

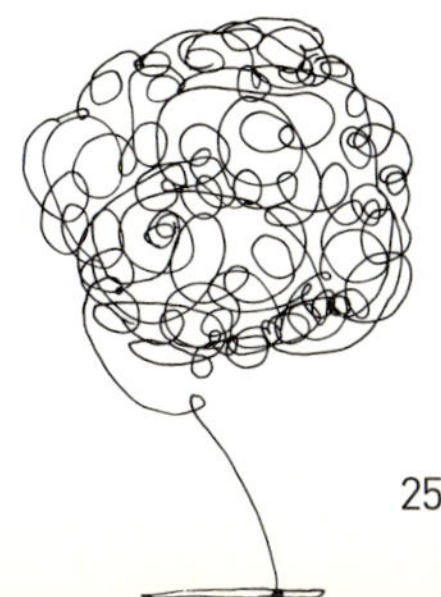

HAPPINESS MAKES

PLANTS
PLANTS
123
빨간색 소품과 같이 두면 더 잘 어울리겠죠?
Coca Cola light
Coca
IN THE HEIGHT FO

ITEM _ 03

사이다 화분

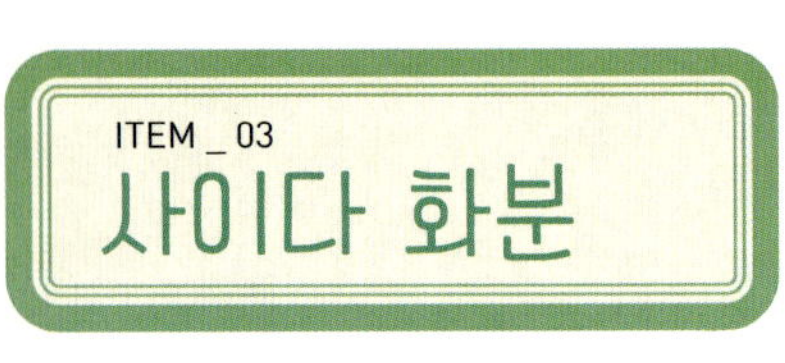

만들다 부서져도 걱정 말아요. 폐허에서도 자라는 강인한 생명력을 표현한 거니까.

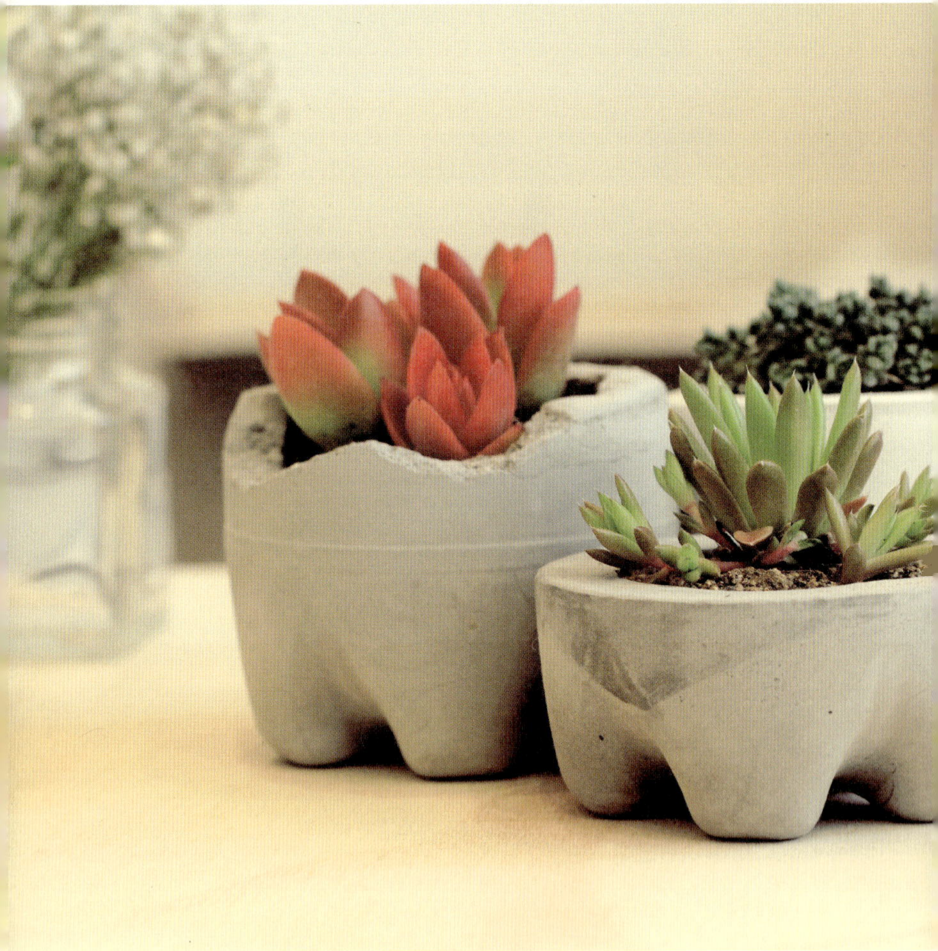

네가 꽃이라면 나는 화분이다.
우린 그런 사이다.

나도 사이다 화분에 앉아서 사진 한 컷!
∨

초등학교 3학년 때, 교과서에 '강낭콩 키우기'가 나왔다. 샬레에 솜을 깔고 물을 적신 후에 콩을 놓으면 콩에서 뿌리가 나오고, 그걸 화분에 심어서 자라는 과정을 관찰하는 것이다. 선생님은 나에게 반 대표로 방학 동안 집에서 콩을 키워서 가져오라고 하셨다. 아리따운 선생님의 특명을 받들어 강낭콩을 화분에 심고 며칠을 기다렸다. 아침저녁으로 지켜보고 정성스레 물도 줬다. 근데 싹은 나올 생각을 안 했고 내 속은 타들어 갔다. 귀찮다고, 뿌리를 내지 않고 바로 흙에 심어서 그런 것 같아 후회가 몰려왔다.

그러던 어느 날, 거짓말 같은 일이 일어났다. 단단한 흙이 갈라지면서 아치 모양 기둥이 불끈 솟아오른 것이다. 1센티미터밖에 안 되는 줄기였지만 화산 속에서 영웅이 탄생하는 것을 보는 것처럼 가슴이 뛰었다. 내가 소리를 지르면서 난리법석을 떠니까, 아버지는 노트 한 권을 주시면서 콩의 성장 일기를 써 보라고 하셨다. 콩이 자랄 때마다 변하는 모양을 그리고 잎의 개수와 크기를 적었는데, 처음엔 재밌더니 한 달쯤 지나자 슬슬 귀찮아지기 시작했다.

그런데 어느 날 보니 내가 방치한 성장 일기를 아버지가 쓰고 계셨다. 난 선생님이 시키지도 않았는데 성장 일기에 집착하는 아버지가 이해가 되지 않았다. 2학기 첫날, 잘 자란 콩과 일기장을 선생님께 내밀었다. 근데 웬걸! 선생님은 깜짝 프러포즈라도 받은 것처럼 좋아하며 상기된 표정으로 내 머리를 계속 쓰다듬으셨다. 그리고 문제집 한 권을 선물로 주셨다. 그 순간 깨달았다. 아, 여자는 강낭콩에 약하구나!

물론 선생님은 내가 기특해서 그랬겠지만 어른이 되어서야 배운 게 있다. 화분에 물을 주고 지켜보면서 행복해 하는 것, 여자는 그런 일상적인 관심과 정성에 약하다는 것을. 아버지는 그걸 아셨던 게 분명하다.

여친, 혹은 남친이 생겼다면 직접 만든 화분을 선물해 보자. 친구가 살짝 실망한 눈치여도~ 당황하지 않고~ 아무렇지 않은 척~ 오글거리는 멘트를 날리면~ 끝!

"네 맘에 드는 씨앗을 심어. 그리고 다시 돌려줘. 난 그 씨앗을 네 마음이라고 생각하고 매일 보살필 거야. 이 화분이 비좁을 만큼 크게 자라게 할 거야."

시멘트 한 봉지, 사이다 페트병 큰 것과 작은 것, 칼이나 가위, 송곳, 사포, 긴 나사못(길이 5cm 이상), 드라이버, 물, 사이다 원샷

01

날씨 좋은 날, 큰 페트병과 작은 페트병 사이다를 사서 얼음을 동동 띄워 마셔요.

02

큰 페트병을 자릅니다. 라벨 아랫부분에서 5센티미터 올라온 지점에 칼집을 내고 가위로 자르면 됩니다.

03

큰 페트병 안에 작은 페트병을 집어넣습니다. 작은 페트병을 바닥에서 2센티미터 정도 띄운 후 작은 페트병에 표시를 해 줍니다. 페트병 사이에 시멘트를 부을 거라 이 정도 간격이 필요해요.

04

큰 페트병의 위에서 3센티미터 떨어진 곳을 표시한 후 송곳으로 구멍을 뚫습니다. 사진처럼 반대 방향에도 구멍을 뚫어 주세요.

작은 페트병에 표시해 놓은 선에서 3센티미터 아래에 구멍을 뚫어 줍니다.

작은 페트병을 큰 페트병 안에 넣고 각 구멍의 방향을 일치시킵니다. 긴 나사못을 드라이버로 돌려 넣어 큰 페트병과 작은 페트병을 연결합니다. 양쪽 구멍에 나사못을 하나씩 넣어 주는 거예요. 이렇게 하면 작은 페트병이 붕 뜬 상태로 고정이 됩니다.

위에서 봤을 때 작은 페트병이 큰 페트병의 중앙에 오도록 위치를 잘 조정합니다. 그래야 화분이 한쪽으로 기울지 않고 예쁘게 나와요.

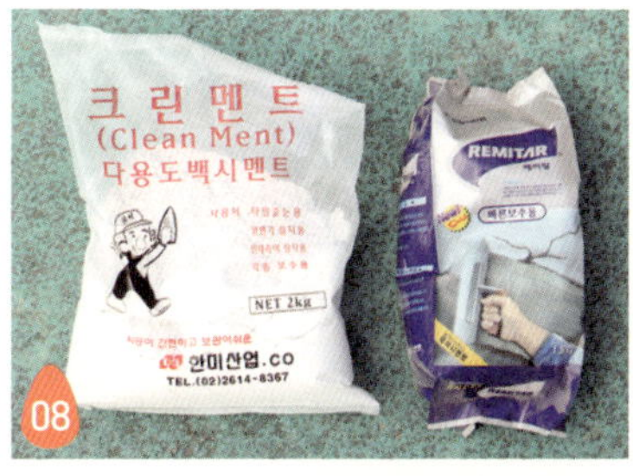

철물점이나 대형마트에서 쉽게 구할 수 있는 시멘트입니다. 모래를 섞지 않고 물만 부으면 되는 걸로 달라고 하세요. 흰색 시멘트를 사용하면 흰색 화분을 만들 수도 있습니다. 500그램 정도면 화분 하나를 만들 수 있어요.

물과 시멘트를 섞어 줍니다. 생수 페트병을
잘라서 그릇으로 쓰면 좋아요. 물을 처음부
터 많이 넣지 말고 조금씩 넣어 주세요. 부침
개 반죽이나 슬러시처럼 걸쭉하면 되는데,
정확한 배합률을 알고 싶으면 시멘트 봉지
에 적힌 설명을 참고하세요.

큰 페트병과 작은 페트병 사이에 시멘트를
부어 줍니다. 부어 주는 양에 따라 화분의 높
이가 달라지겠죠? 큰 병을 기준으로 최소, 라
벨 아래(흰 테두리) 3센티미터부터 최대, 라
벨 아래 선(흰 테두리)까지 부어 주면 돼요.

햇볕이 잘 드는 곳에 두고 말립니다. 한두 시
간 정도 가만히 놔두세요.

한두 시간 뒤, 굳기 시작하면 드라이버로 나
사를 돌려 빼고 작은 페트병도 조심스럽게
뺍니다. 완전히 굳은 다음에 빼려고 하면 많
이 힘들 거예요. 이 상태에서 하루 정도 잘
말려 줍니다.

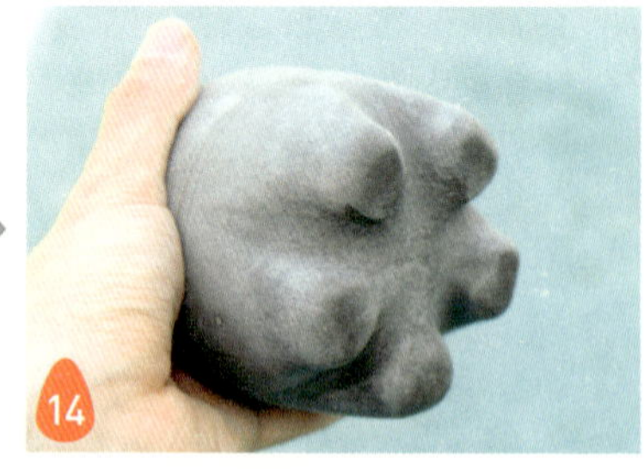

시멘트가 완전히 굳으면, 큰 페트병에 칼집
을 내어 찢으면서 벗겨 냅니다.

짜잔! 사이다 화분 탄생!

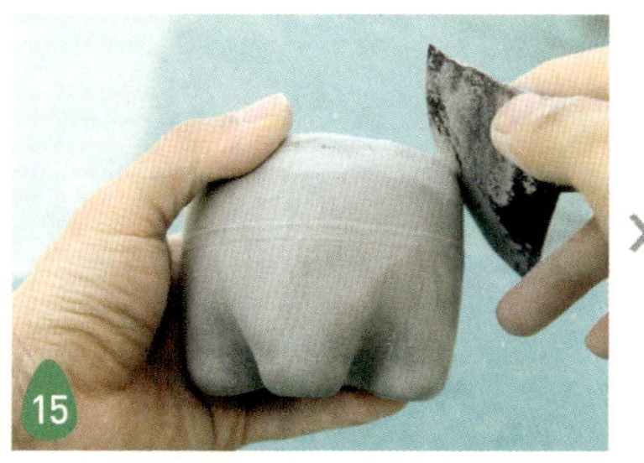

거친 모서리 부분은 그냥 두어도 되지만, 사
포로 사사삭 문질러 주면 더 완성도 있게 만
들 수 있습니다.

동네 꽃집에 가서 마음에 드는 다육식물을
심어 달라고 합니다. 다육식물은 관리가 쉽
고 화분에 물 빠지는 구멍이 없어도 되거든
요. 꽃집 누나한테 화분 잘 만들었다고 칭찬
받을 거예요.

동글동글 바닥이 깜찍한 화분이 다육식물과
만났어요. 제법 잘 어울리죠?

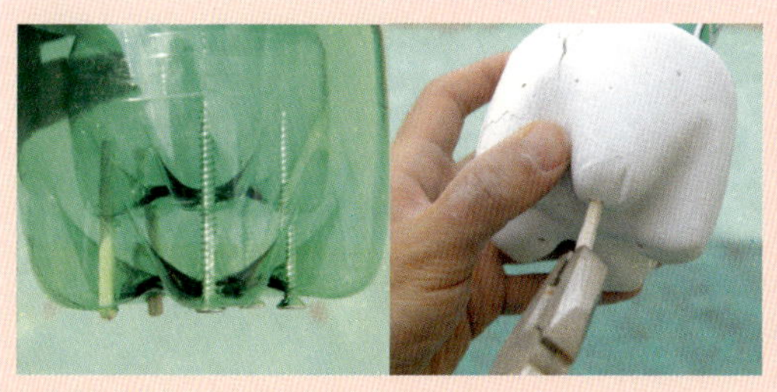

물 빠지는 구멍을 만들고 싶다면
시멘트를 붓기 전에 큰 페트병과
작은 페트병 바닥에 송곳으로 구
멍을 뚫어 나사못이나 나무젓가
락을 꽂아 주세요. 시멘트가 마른
뒤 제거하면 화분 바닥에 구멍이
생겨요. 나무젓가락은 펜치로 힘
을 주어 뽑아야 하기 때문에, 드
라이버로 돌릴 수 있는 나사못을
쓰는 게 편합니다.

이 고급스러운 화분이 사이다 병으로 만든 화분인 줄 누가 알겠습니까.

화분이 두터워서 미니어처나 장식품을 올려놓을 수도 있어요.
작은 팻말에 메시지를 써서 꽂아도 좋겠네요.

라마도 좋아하는 별 모양 연필꽂이!

ITEM _ 04

별 모양 연필꽂이

내 별이 어디 있는지 찾다가 고개를 돌리니
내 책상 위에 별이 내려와 있네.

1998년 11월 18일 새벽. 유성우가 엄청나게 쏟아질 거라는 뉴스가 보도되었다. 나는 새벽에 일어나 점퍼를 입고 살금살금 마당으로 나갔다. 옥상 계단에 쭈그려 앉아 덜덜 떨면서 한참동안 별을 기다렸다. '새벽 4시가 피크라는데 왜 안 보이지' 하면서 걱정하고 있는데, 거짓말처럼 별 하나가 슥 지나갔다. 순간 작은 목소리로 "우리 누나, 대학 붙게 해 주세요"라고 중얼거렸다. 그 후 한 시간이 넘도록 별똥별이 서른 개나 떨어졌고, 27개는 펜팔 누나의 대학 합격을 위해, 3개는 가족과 내 무사안위를 위해 빌었던 것 같다. 공교롭게도 유성우가 떨어지던 그날은 수능이 치러진 날이기도 했다. 수험생들이 곤히 잠든 시각에 나처럼 별을 보며 그들을 응원하던 사람들이 많았을 것이다.

별이 언제부터 소망의 아이콘이 되었는지는 모르겠다. 깜깜하고 무서운 밤을 당당하게 밝히고, 인간처럼 우유부단하지 않고 항상 그 자리를 지키고 있어서일까. 사실 공부도 별을 보고 소망을 품는 것과 별반 다르지 않다. 간절히 바라는 것을 얻으려면, 빛나는 존재가 되려면 공부를 해야 한다. 그런데 공부는 왜 이토록 하기가 싫을까. 모두 가장 빛나는 별 몇 개만 바라보고 똑같은 공부를 하고 있기 때문은 아닐까? 우주에는 셀 수 없이 많은 별이 있고, 작은 점처럼 보이는 별도 실제로 보면 어마어마하게 크고 밝다.

블루베리 농사꾼, 남미 음식 요리사, 레고 디자이너, 고양이 전문 수의사, 캠핑 전문 기자, 컬링 국가대표…. 세상에는 이렇게 독특하고 재미있는 별들이 많다. 많은 사람들이 동경하는 별 말고, 나만의 별을 찾았으면 좋겠다. 이 수많은 별 중에 내 별은 어느 별일까. 그 별이 되기 위해서는 무엇을 배우고 공부해야 할까.

아이스크림 막대 99개, 목공용 풀, 튼튼한 장

아이스크림 막대를 준비합니다. 쌍쌍바를 사서 친구와 나눠 먹으면 한꺼번에 두 개를 얻을 수 있겠죠?

아이스크림을 먹고 나서 막대를 바로 씻어서 말려 둡니다. 99개가 필요하니 친구들한테도 모아 달라고 부탁합니다. 99개는 있어야 연필을 꽂아도 쓰러지지 않고 모양도 예쁩니다.

장이 안 좋은 친구들은 제빵용품을 파는 가게나 문구점에서 아이스크림 막대를 구입하면 됩니다.

문구점에서 목공용 풀을 구입합니다. 끝이 뾰족해서 구석까지 바를 수 있는 제품이 좋습니다.

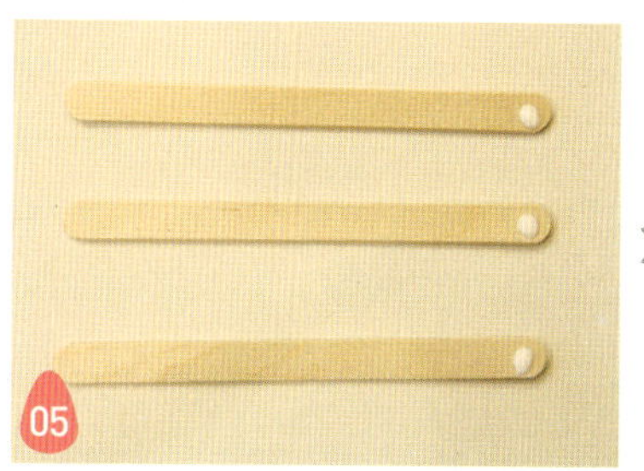

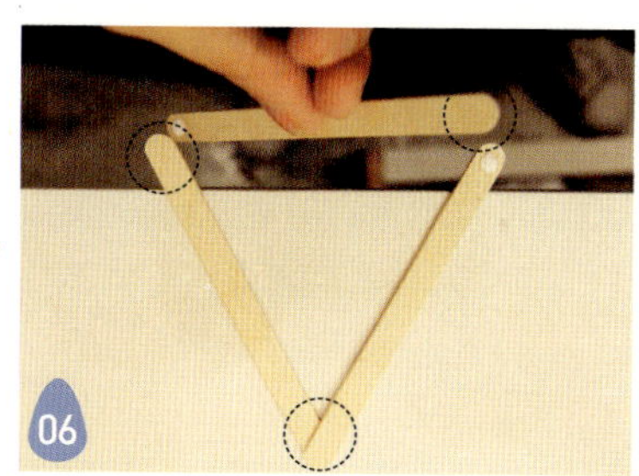

이제 세 개의 막대가 한 팀이 될 겁니다. 막대 한쪽 끝에 목공용 풀을 물방울 모양으로 넉넉하게 짜 놓습니다. 풀은 굳으면서 투명해지기 때문에 조금 삐져나와도 괜찮습니다.

삼각형을 뫼비우스의 띠처럼 연결할 겁니다. 사진을 참고하세요. 먼저 막대 두 개를 V자 모양으로 붙이는데 오른쪽 막대가 위로 올라가도록 합니다. 그다음 역삼각형의 윗변이 될 세 번째 막대는 사진처럼 오른쪽 끝이 위로 올라가면서 동시에 왼쪽 끝이 아래로 내려가게 붙입니다. 세 번째 막대는 책상 끝으로 가져가 붙이는 게 수월합니다.

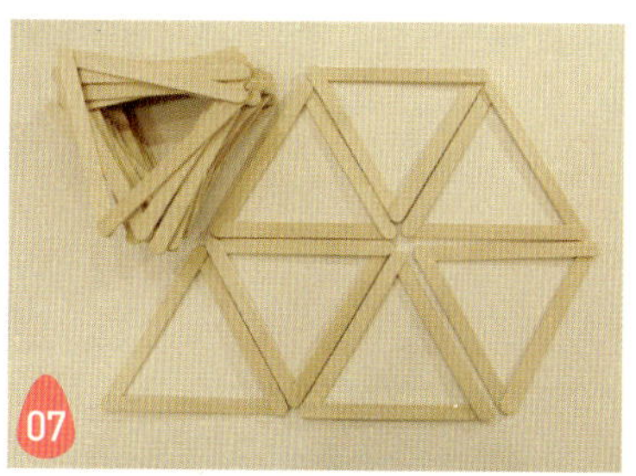

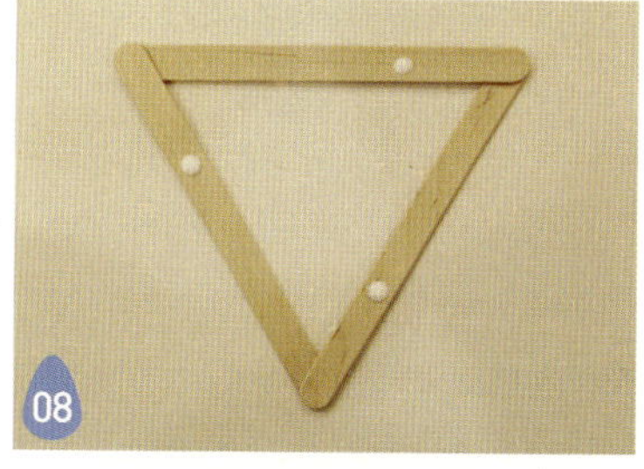

모든 삼각형을 똑같은 순서로 만드는 게 중요합니다. 이렇게 삼각형 33개를 만듭니다. 삼각형을 전부 만들고 나면 최소 두 시간은 말려야 해요.

이제 삼각형끼리 겹쳐서 별을 만들어 줄 차례입니다. 풀을 바를 막대를 역삼각형의 윗변에 놓고, 그 막대의 오른쪽 3분의 1 지점에 풀을 발라 줍니다. 삼각형을 돌려 가며 같은 방식으로 풀을 바르면 사진처럼 되겠죠?

사진처럼 중심을 잘 맞춰 삼각형을 올리면 별이 됩니다.

두 번째 삼각형에도 풀을 바르고 삼각형을 계속 쌓아 나갈 겁니다. 별 모양을 살짝 돌려서 2층에 있는 삼각형이 역삼각형이 되게 합니다. 그리고 과정 08의 삼각형과 같은 위치에 풀을 바르면 됩니다. 이런 방식으로 계속 삼각형을 쌓아 올리세요.

위에서 봤을 때 비뚤어지지 않도록 주의하면서 33개의 삼각형을 쌓으면 별 모양 연필꽂이가 완성됩니다. 하루 정도 잘 말린 뒤에 쓰는 게 좋습니다. 꿈을 상징하는 별과 공부를 상징하는 연필. 어울리지 않나요?

모서리에도 연필이나 붓을 꽂아둘 수 있습니다. 연필꽂이 바깥 면에는 풀처럼 넘어지기 쉬운 물건을 세워 둘 수 있어서 편리해요.

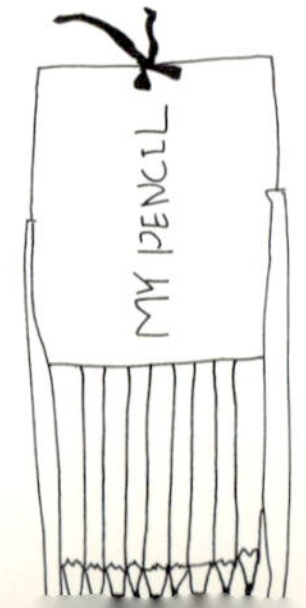

99개의 막대는 꿈에 도달하기 위해 부단히 노력하는 것을 의미합니다.

나비 액자

온갖 아름다운 나비들이 팔랑거리며 날아들었다.
내가 항상 볼 수 있게 영원히 떠나지 않겠다고 말했다.

나비야~ 나비야~ 이리 날아오너라. 글자 나비~ 재킷 나비~ 춤을 추며 오너라.

어릴 때, 나비 수집을 시도한 적이 있다. 미리 계획한 건 아니었고 우리 집 뒤꼍에서 손바닥만큼 커다란 검정 나비를 맞닥뜨린 순간, 나비를 수집하기로 마음먹은 것이다. 나비의 검은 날개 속에는 눈처럼 생긴 에메랄드빛 무늬가 빛을 발하고 있었다. 몸짓은 또 얼마나 우아한지 보는 내내 가슴이 주체할 수 없이 뛰었다. 난 이 아름다움을 영원히 간직하고 싶었다. 커다란 욕심이 밀려왔고, 집으로 뛰어 들어가서 살충제를 가지고 나왔다. 나비는 여전히 그 자리에서 평화롭게 맴돌고 있었다. 찰나의 망설임 후, 한참동안 살충제를 뿌렸다. 나비의 날갯짓이 불규칙하게 빨라졌다. 미안함과 불안함이 뒤섞여 가슴이 쿵쾅쿵쾅 뛰었다. 돌이킬 수 없는 일이었다. 난 얼굴을 일그러뜨리며 더 가까이 가서 약을 뿌렸다. 결국 나비는 날갯짓을 멈췄고 나는 조심스레 나비를 주워 들었다.

축 처진 나비는 하나도 아름답지 않았다. 살충제 냄새가 확 올라왔다. 그리고 알 수 없는 슬픔과 죄책감이 가슴에 차올랐다. 손 안의 나비뿐만 아니라 내 마음 어딘가에 살고 있던 나비도 같이 죽은 듯했다. 두꺼운 종이에 나비를 놓고 핀으로 고정해 놨지만 나비는 얼마 지나지 않아 바스러져 버렸다.

손에 쥐지 않아야 아름다운 것이 있다는 걸 그때 처음 알았다. 꽃을 꺾어 화병에 꽂아 두면 금방 시들지만, 남들도 그 아름다움을 볼 수 있도록 두면 꽃이 지고 씨가 떨어져 내년에도 그 꽃을 볼 수 있다. 예술이라는 건 아름다움을 빼앗아 가지는 게 아니라 아름다움을 모방하는 것이다. 나비를 잡는 대신 글이나 그림, 몸으로 나비를 아름답게 묘사하는 것, 그 행위가 바로 예술이고 우리는 그 결과물을 예술 작품이라고 부른다.

두꺼운 종이, 과월호 잡지, 펜, 가위, 칼, 흰색 폼 보드(두께 1cm), 못이나 핀(길이 1cm 이하), 액자 틀,
아이돌 사진도 자를 수 있는 과감성

두꺼운 종이에 나비 모양을 반쪽만 그립니다.
책 뒤에 있는 도안을 오려서 대고 그려도 됩
니다.

나비 모양을 가위로 오립니다. 디테일을 잘
살려서 오려 주세요.

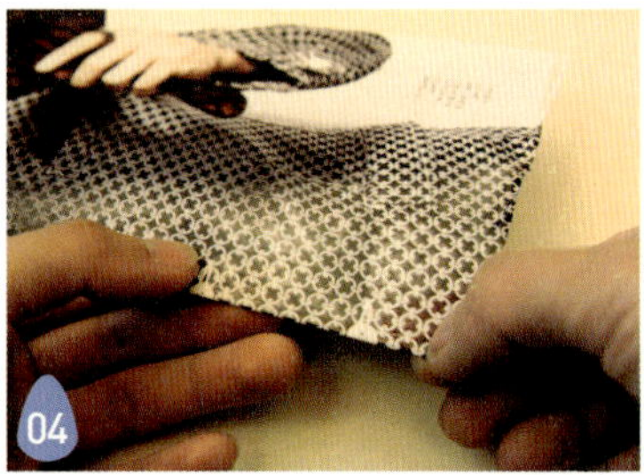

살아 있는 나비를 죽게 만드는 대신, 과월호
가 된 잡지를 살려 낼 거예요. 과월호 잡지
를 보면서 마음에 드는 패턴이나 색깔이 있
는 페이지를 오려 둡니다. 두꺼운 종이라면
더 좋습니다. 저는 기하학적 무늬가 독특한
남성 재킷을 선택했어요.

잘라 놓은 잡지를 반으로 접습니다. 접히는
부분이 나비의 몸통이 될 거예요.

05 과정 02에서 오려 둔 반쪽 날개를 대고 모양을 따라 그려 줍니다.

06 나비 모양을 잘라 줍니다. 두 장을 동시에 잘라야겠죠?

07 자, 이제 날개를 펼치면 나비 완성!

08 연필이나 펜으로 양쪽 날개를 돌돌 말아 줍니다.

금방이라도 날아오를 것처럼 입체적인 나비로 변신!

남성 재킷이 멋진 패턴이 되어 준 것처럼, 글자나 풍경을 오려도 독특한 분위기의 나비를 만들 수 있어요. 저는 25마리를 만들었는데, 개수는 만드는 사람 마음입니다.

이제 나비들의 집결지를 만들 시간입니다. 이번에는 집에 남는 액자를 활용해 볼게요. 아파트 재활용 수거함에서도 종종 만날 수 있으니까 찾아보세요. 액자 틀만 필요하니까 뒤판과 유리는 빼 두시구요.

문구점이나 화방에서 1센티미터 두께의 폼보드를 사서 액자 프레임에 꼭 맞게 들어갈 수 있도록 자릅니다. 우드락 보드 표면에 종이를 붙여 놓은 게 폼 보드입니다. 종이 덕분에 표면에 흠집이 잘 나지 않아요. 액자가 없으면 우드락 보드 전체에 시트지를 붙여서 써도 괜찮습니다.

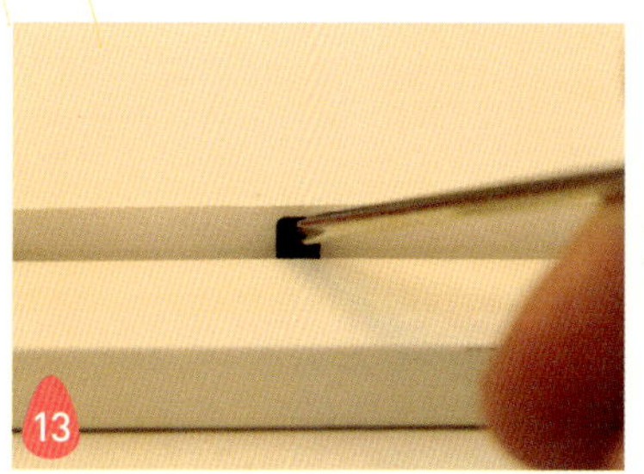

폼 보드를 액자 틀에 끼웁니다. 대부분의 액자에는 뒤판을 고정하는 클립이 붙어 있어요. 그 클립을 펜이나 드라이버로 폼 보드 옆면에 쑥 밀어 넣으면 폼 보드가 액자틀에 고정이 됩니다. 폼 보드 옆면은 종이가 붙어 있지 않은 스티로폼 면이라서 클립이 쉽게 박힙니다.

폼 보드를 넣은 액자가 완성됐습니다!

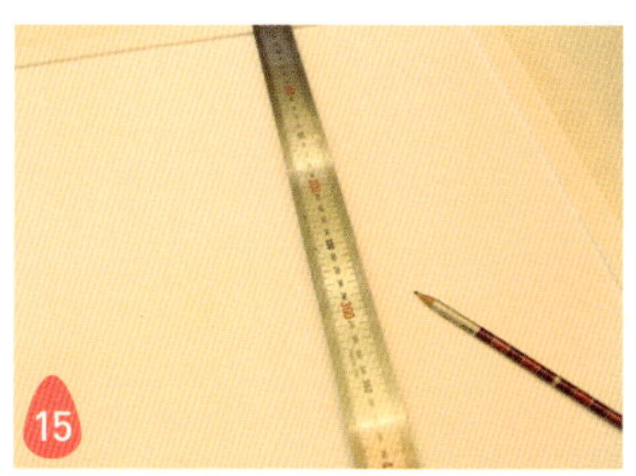

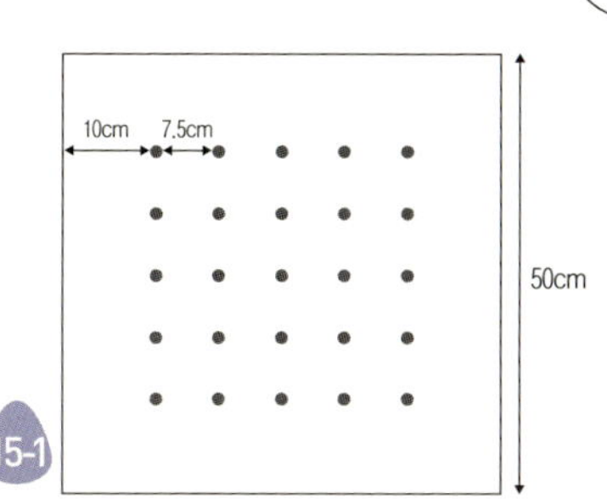

만들기에도 수학이 필요합니다. 액자 안쪽을 자로 재 봅시다. 저는 가로, 세로가 50센티미터인 액자를 사용했습니다. 상하좌우를 10센티미터씩 남기면 가운데 30×30센티미터의 공간이 남겠죠? 가로와 세로 면에 나비를 5마리씩 배치할 때 서로 몇 센티미터씩 띄어야 할까요? 30÷4=7.5 7.5센티미터 간격으로 나비 몸통의 중심 위치를 연필로 표시했습니다. 여러분의 액자 크기게 맞게 잘 계산해 보세요.

제가 나비를 배치한 구조도(!)입니다. 하나도 안 어렵죠?

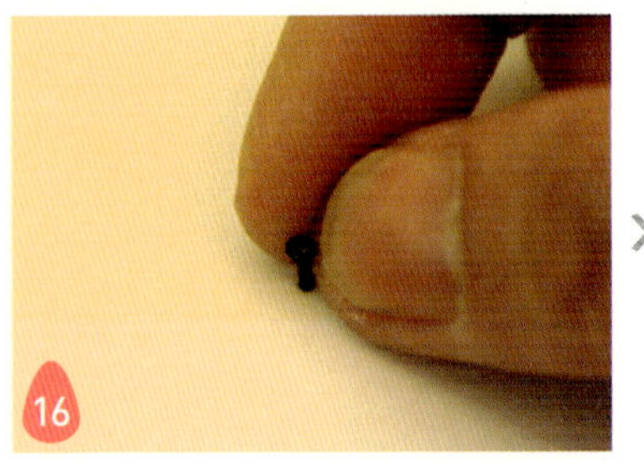

폼보드 두께가 1센티미터이기 때문에 길이
가 1센티미터 이하인 작은 못을 사용할 거예
요. 연필로 표시해 둔 곳에 작은 못이나 바늘
로 구멍을 냅니다.

만들어 둔 나비들을 배치해 봅니다. 어떤 순
서로 배치해야 색깔이나 패턴이 어울리는지
이리저리 위치를 바꿔 가며 디자인을 해 봅
니다.

순서를 정했으면 나비 중앙에 작은 못을 꽂
고, 과정 16에서 내 놓은 구멍에 쏙 집어넣
으면 고정이 됩니다.

못을 박아서 납작해진 나비 날개를 위로 한
번 접어 주세요. 날개의 웨이브(!)가 풀렸다
면 연필로 다시 한 번 말아 줍니다.

나비 액자 완성! 거실에 놓고 가족들한테 뭘
로 만들었을 것 같냐고 물어보세요. 과월호
잡지라고는 상상도 못 할 걸요?

우리 가족 컵받침

오늘 속상한 일이 있었어요.
아빠도 힘들었어요?
우리 코코아 한잔 하면서 풀어요.

요즘 예능 프로그램을 보면 아빠가 아이들과 친구처럼 지내는 모습이 자주 등장해서 참 보기가 좋다. 이전 세대의 아버지들은 지금의 아빠들과는 많이 달랐다. 자식들 뒷바라지를 하느라 언제나 바빴고 아버지로서 엄하게 키워야 한다는 소신도 있었다. 우리 아버지도 마찬가지였다. 난 아버지가 무서웠고 불편했다.

그래도 생각해 보니 분명 좋은 추억이 있었다. 6학년 체육 시간에 배드민턴 라켓이 필요해서 아버지께 말씀 드렸더니 스포츠용품 가게를 다녀오셨다. 친구들은 대부분 문구점에서 파는 5,000원짜리 쇳덩어리 같은 라켓을 가져왔지만 아버지가 사다 주신 라켓은 코오롱에서 나온 12,000원짜리 가벼운 알루미늄 라켓이었다. 그 깃털 같은 가벼움 때문에 아이들이 자주 빌려가서 라켓이 망가질까 봐 엄청 불안해 했다.

그 소중한 라켓을 사 오신 날, 아버지는 옥상에 올라가 같이 배드민턴을 치자고 하셨다. 아버지랑 운동을 해 본 적이 없는 나는 데면데면하게 올라갔지만 그날의 우리는 익숙하지 않은 라켓을 잡고 허둥거리며 많이도 웃었다.

배드민턴을 한참 치다가 집에 들어서는데 거실에 연기가 자욱했

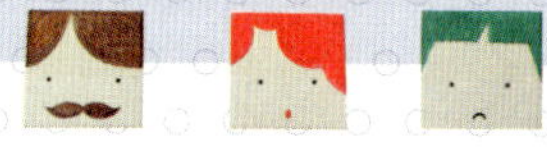

다. 내가 달걀을 삶고 있었던 걸 깜빡하고 배드민턴에 열중했던 것이다. 나는 다 타 버린 냄비를 급하게 찬물에 담그고 아버지의 불호령을 기다렸다. 하지만 아버지는 아무 말씀도 하지 않으셨다. 이날, 아버지와 나 사이에 배드민턴 줄처럼 질긴 동료애, 혹은 이해심이 생긴 것 같았다. 물론 그날 이후 도루묵이 됐지만.

언젠가 인터뷰를 하면서 아버지한테 받은 선물 중에 가장 기억에 남는 게 뭐냐는 질문을 받았다. 난 약간 당황했다. 분명 받은 적이 있을 텐데 기억에 남는 선물이 없었다. 나는 한참을 생각하다가 '롤 케이크'라고 답했다. 아버지가 내 생일에 보통의 생일날에 먹는 둥그런 케이크가 아니라 카스테라 롤 케이크를 사 오신 적이 있다. 뚱뚱한 롤 케이크 몸통에 초를 찔러 넣고는 어색하게 생일 축하 노래를 불렀던 그때의 기억이 갑자기 떠오른 것이다. 나한테는 그 케이크가 꽤 의미가 있었나 보다.

그런데 문득 요즘 아빠들이 TV 속 아빠들처럼 진짜로 가족들과 시간을 많이 보내고 있을까, 하는 생각이 든다. TV와 현실 사이에는 매우 큰 차이가 있을 거다. 맞벌이 때문에, 스마트폰 때문에 아이들은 부모님 얼굴 보는 시간이 많이 줄었다. 이상한 말 같지만 '친하지 않은 가족'이 의외로 많다. 친구와 마찬가지로 가족도 친해지려면 서로를 잘 알아야 하고, 잘 알려면 대화와 추억이 쌓여야 한다. 더 자주 배드민턴을 치고 더 많은 롤 케이크를 나눠 먹어야 하는 거다.

우리 가족의 얼굴이 그려진 컵받침을 만들어 식탁 한구석에 놓아두면 어떨까. 그리고 일주일에 한 번이라도 코코아나 녹차를 마시면서 이야기하는 시간을 만들어 보면 어떨까. 덩그러니 남아 있는 컵받침을 보면 그 자리에 빠진 사람의 빈자리가 더 크게 느껴질 것이다. 컵받침이 모두 모이는 시간. 가족은 거기서부터 새로 시작된다.

동생의 속마음을 잘 들여다봐야지.

가족 수만큼의 타일, 연필, 붓, 프라이머(젯소), 색연필이나 아크릴 물감, 바니시, 가족 사랑

01 집에 안 쓰는 타일이 있나 물어보고, 없으면 철물점이나 도기 가게에서 타일을 삽니다. 인터넷에서도 살 수 있어요.

02 화방이나 페인트 가게에서 프라이머를 구입합니다. 젯소라고 표기되어 있는 경우가 많아요.

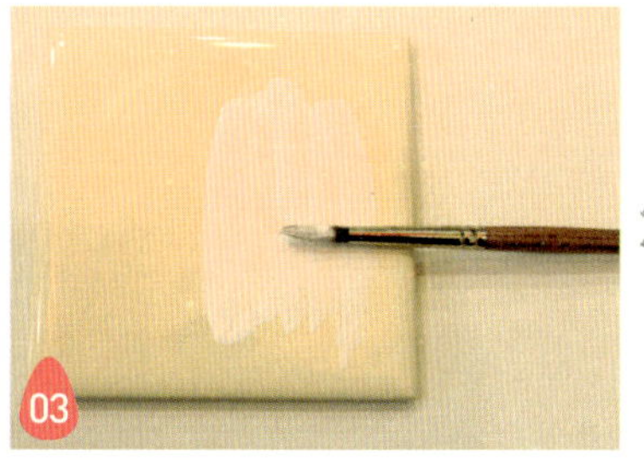

03 프라이머를 매끈한 타일 윗면에 바릅니다. 마르고 나면 한두 번 더 발라 줍니다.

04 타일이 하얀 도화지로 변신했습니다. 프라이머를 칠하면 다른 색을 입히는 게 쉬워지기 때문에 프라이머 작업은 꼭 필요해요.

연필로 가족들의 얼굴을 그립니다. 간단하게 캐릭터처럼 만드는 게 좋겠죠? 모두 사각 턱이 되는 건 어쩔 수 없네요.

색연필이나 아크릴 물감으로 색칠을 합니다.

짜잔! 가족들 얼굴과 비슷하게 그려도 되지만 각자가 좋아하는 색으로 머리카락 염색을 해도 되고, 성격에 따라 표정을 바꿔도 재밌겠죠?

물감이 확실히 다 마르면 바니시를 발라 줍니다. 바니시는 타일을 투명하게 코팅해 컵에서 떨어지는 물과 마찰로부터 보호해 주는 역할을 합니다.

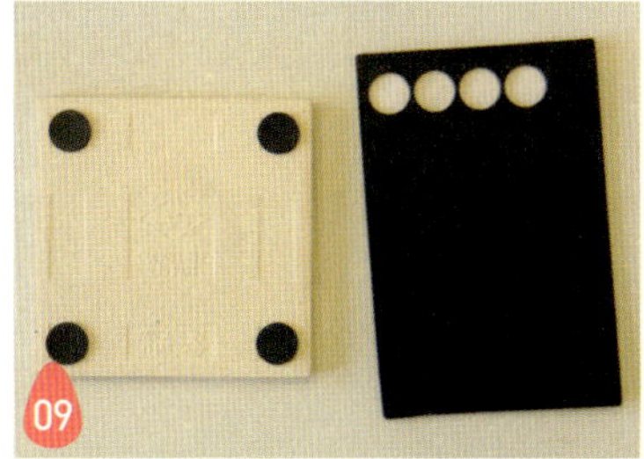

마지막으로 타일 뒷면에 고무 스티커나 마루 보호용 패드를 붙입니다(다이소나 문구점에서 구할 수 있어요). 코르크판이나 부직포를 잘라 붙여도 됩니다. 탁자가 긁히면 엄마한테 된통 혼날 테니 꼭 붙여 주세요.

우리 가족 컵받침 완성! 컵받침으로 쓰지 않을 때는 인테리어 소품으로 써도 좋아요.

아빠! 머리 좀 식히세요!

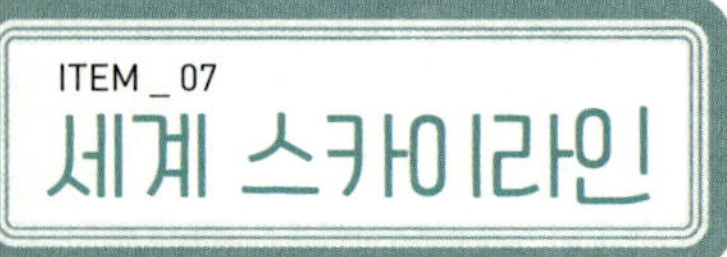

모스크바, 런던, 파리, 상하이….

어디부터 가지?

언젠가 그 풍경 속에 내가 서 있을 거야.
꿈속에 접어 두었던 무수한 이야기들이 펼쳐질 거야.

초등학교 5학년 때였다. 우리 반 반장은 공부도 잘하고 성격도 쾌활한 여자애였다. 방학이 끝나고 그동안 어떻게 지냈는지 발표하는 시간에 반장은 가족들과 해외여행 다녀온 이야기를 했다. 해외여행은커녕 국내여행 한 번 다녀온 적이 없는 나로서는 부러운 일이라고만 생각했고, 사실 여행보다는 그 아이 부모님의 경제력이 부러웠다.

그런데 2학기 중간에 반장이 며칠 결석을 했다. 이번엔 가족이랑 중국에 다녀왔다고 했다. 그때 받았던 문화 충격은 대단했다. 어떻게 여행을 한다고 학교를 결석할 수 있지? 게다가 반장이? 선생님은 왜 반장을 야단치지 않지?

지금 생각해 보면 반장은 참 좋은 환경에서 자랐다 싶다. 사실 여행을 할 기회가 있다면 며칠 결석을 한다고, 아니 학교를 1년을 쉰다고 뭐가 그리 큰 문제가 될까. 어른이 되어 보니 여행만큼 많은 것을 가르쳐 주는 시간이 없다. 그중에서 가장 크게 배운 것은 다양성을 인정하는 법이었다. 다양한 인종이 뒤섞여 있는 곳에 가서 대화를 나누고, 여행하는 나라의 법도를 따르는 게 자연스러워지면 이 세상에 절대적으로 옳고 그른 것은 없구나 하는 생각이 든다. 10년이 넘도록 자전거로 세계여행을 하는 사람, 1년째 신혼여행을 하고 있는 부부, 여행 왔다가 식당이 마음에 들어 그 식당에서 일하고 있는 청년을 만나면서 내 미래나 진로에 대해서도 좀 더 자유롭게, 더 다양하게 생각하게 되었다. 이런 경험은 인생의 방향을 크게 틀어 놓는다. 그래서 나는 여행을 자주 다니는 친구들이 부러웠다.

그런데 얼마 전 어느 사진작가님과 얘기를 하면서 놀란 적이 있다. 아이가 어렸을 때부터 세계여행을 함께 다녔는데, 아이가 자라면서 여행에 익숙해지자 이제 뭘 봐도 감흥이 없고, 오히려 여행을 싫어하게 되더라는 거다. 이야기를 찬찬히 듣다 보니 고개가 끄덕여졌다.

나는 스물아홉에 처음 외국에 나갔다. 런던 히드로 공항에 첫발을 디뎠을 때의 감동은 아직도 생생하다. 소망은, 와인처럼 오래 묵힐수록 가치가 더 커진다. 지금 기회가 없다고 해서 불평하고 아쉬워할 일이 아니다. 그만큼 더 커다란 즐거움을 선물로 받을 수 있을 테니까.

세계의 스카이라인을 만들어 책상이나 침대 머리맡에 두면 어떨까. 매일 보면서 여행을 꿈꿀 수 있다면 좋겠다. 세계사 공부가 지겹다면 선글라스를 쓰고 로마의 콜로세움을 거니는 내 모습을 그려 보자. 영어 공부가 하기 싫다면 스위스 유스호스텔에서 룸메이트 폴과 맥주 한잔 하면서 수다를 떠는 스무 살의 나를 그려 보자. 어쩌면 그러다가 폴에게 이야기해 줄 한국사까지 공부하고 싶어질지도 모른다.

두꺼운 A4 종이, 칼, 꼼꼼함과 인내심

http://me2.do/GQWWZWGY에서 '스카이라인.jpg'를 다운로드합니다.

A4 종이에 출력합니다. 가급적 두꺼운 종이를 쓰는 게 좋습니다. 물론 프린트가 받아들일 수 있는 두께여야겠죠?

잘 드는 칼로 한쪽부터 섬세하게 자릅니다. 어떤 사람은 두 시간이 걸릴 수도 있지만(!) 정성을 들인 만큼 멋진 작품이 나온다는 사실! 아무 생각 없이 좋아하는 음악이나 라디오를 들으면서 칼질만 하는 것도 나름 재밌습니다.

다 자른 스카이라인을 놓고 건물과 건물 사이 적당한 부분을 접어 줍니다. 한 번은 앞으로 한 번은 뒤로, 지그재그로 접어 주세요.

'나는 칼질에 소질이 없고 눈알이 빠질 것 같고 화가 난다!' 하는 친구들은 이렇게 테두리만 잘라도 됩니다. 좀 투박하긴 해도 나름 괜찮죠? 귀차니즘도 소중하니까요.

양면 사용 가능! 색깔 종이에 출력하면 좀 더 특별한 스카이라인을 만들 수 있습니다.

언젠가는 이 모든 건축물들을 직접 볼 날이 올 거예요.

ITEM _ 08

렛잇고 풍선 액자

떠나보내는 건 잃어버리는 게 아니야.
자유로운 나를 찾기 위해 보내 주는 거야.

어릴 때, 엄마랑 공원에 나들이를 간 적이 있다. 엄마는 헬륨 풍선을 하나 사서 쥐어 주셨다. 풍선 모양이 화려해지고 비싸졌을 뿐 예나 지금이나 아이들이 풍선을 좋아하는 건 똑같다. 나도 그런 평범한 아이였기 때문에 한 손에는 풍선을 들고 한 손은 엄마 손을 잡고 폴짝폴짝 뛰어다녔다. 그런데 방정을 떨다가 넘어지면서 그만 풍선을 놓쳐 버렸다. 풍선은 순식간에 하늘 높이 솟아올랐고, 나는 넘어진 것보다 풍선이 야속하게 멀어지는 모습 때문에 울음을 터뜨렸다. 딸꾹질을 해 가면서 풍선의 동선을 쫓고 있는데, 어느 순간 울음이 잦아들었다. 파란 하늘 속에서 아주 작아진 채 훨훨 날아다니는 풍선이 어쩐지 행복해 보였던 거다. 나는 엄마 손을 잡아당기며 말했다.

"엄마, 풍선이 솜사탕 먹고 싶었나 봐! 구름 속으로 쏙 들어갔어!"

살다 보면 무언가를 잊거나 떠나보내야만 할 때가 온다. 얼마 전 인기를 끌었던 애니메이션 〈겨울왕국〉의 주인공 엘사는 자신을 속박했던 과거를 잊으려고 'Let it go'를 불렀고, 우리도 엘사 못지않게

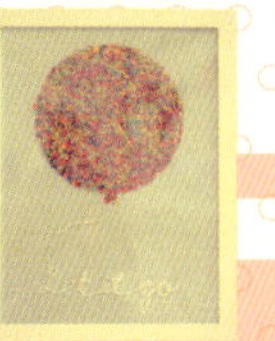

보내 줘야 할 것들이 많다. 나쁜 기억, 오랜 짝사랑, 정말 예뻐했던 강아지, 병아리까지도.

병아리 하니까 생각이 난다. 학교 앞에서 팔던 병아리를 사 와서 애지중지 키운 적이 있다. 이름이 삐약이였던 병아리는 나를 엄마처럼 졸졸 따라다녔고 나는 짜장면을 지렁이처럼 먹이며 한 달을 키웠다. 그런데 어느 날 자고 일어나 보니 삐약이가 죽어 있는 게 아닌가! 나는 도대체 누가 죽인 거냐며 대성통곡을 했다. 하지만 곧 엄마의 증언이 이어졌고 난 울음을 그칠 수밖에 없었다. 내가 삐약이를 너무 사랑한 나머지 꼭 끌어안고 자는 바람에 그만 질식사를 한 것이다. 삐약이를 참치 캔에 넣고 마당에 묻은 뒤 난 삐약이가 하늘나라에 가게 해 달라고 매일 밥을 먹기 전에 기도를 했다. 고등학교 때까지 식탁에만 앉으면 반사적으로 그 기도를 했던 것 같다. 대학에 가서야 그 습관이 사라졌고 삐약이를 떠나보낼 수 있었다.

이렇게 사람, 동물 혹은 사랑까지도 풍선처럼 떠나보내야 할 때가 있다. 그리고 그 풍선은 상대방일 수도 있지만 어쩌면 해묵은 '나' 일 수도 있다. 나를 위해 보내 주자. 렛 잇 고.

액자, 액자 크기의 두꺼운 종이, 딱풀, 순간접착제, 가는 붓, 털실, 종이컵, 가위, 컴퍼스나 냄비 뚜껑, 연필,
순간접착제를 이기는 빠른 손놀림

두꺼운 종이를 준비합니다. 색상은 마음에
드는 것으로 선택합니다. 저는 풍선을 돋보
이게 하려고 회색을 선택했습니다. 크기는
나중에 넣을 액자에 맞추면 됩니다. 컴퍼스
나 냄비 뚜껑으로 동그라미를 그려 줍니다.

연필로 풍선 꼭지와 글씨를 그립니다. 글씨
와 풍선을 연결하는 선은 사진처럼 중간을
살짝 끊어 주세요. 글씨는 책 뒤쪽 도안을 참
고하세요.

털실을 5밀리미터 길이로 잘게 잘라 종이컵
에 모아 둡니다. 이걸로 풍선 모양을 만들 거
예요. 한 가지 색으로 해도 되고 저처럼 여러
가지 색 털실을 모아도 됩니다.

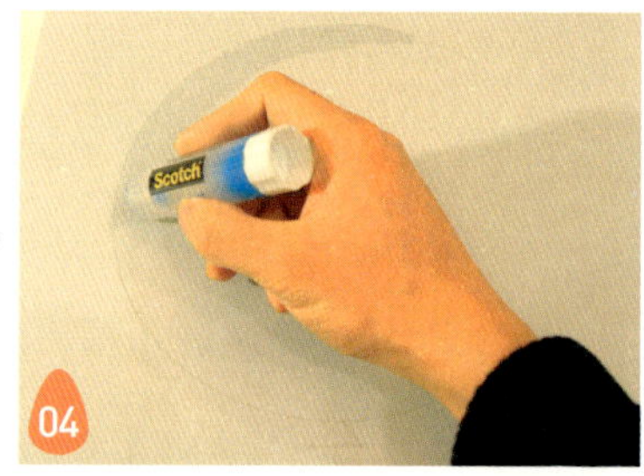

딱풀을 풍선 모양대로 골고루 발라 줍니다.
종이가 얇으면 울 수도 있으니 가급적 두꺼
운 종이를 사용하세요.

풀이 마르기 전에 잽싸게 털실을 뿌리고, 꾹
꾹 눌러서 붙여 줍니다.

풍선 꼭지까지 붙여 준 모습입니다. 케이크
위에 뿌리는 예쁜 초콜릿 가루 같네요.

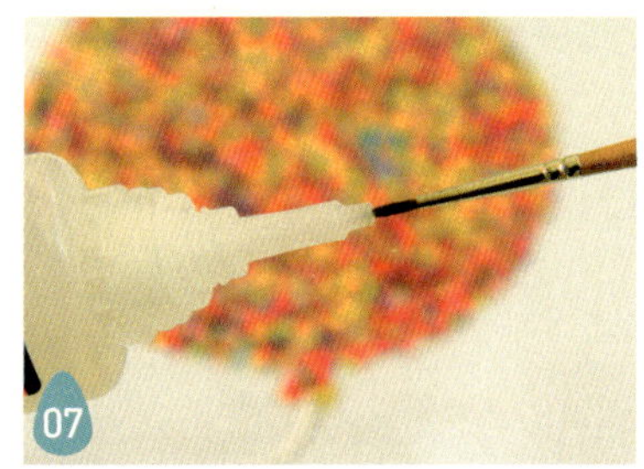

이제 글자와 풍선 끈에 털실을 붙일 시간! 순
간접착제를 가는 붓에 묻혀서 얇게 발라야
합니다.

순간접착제는 금방 마르기 때문에 다 발라
놓고 붙이면 늦어요. 조금 바른 후에 털실을
붙이고, 다시 조금 바르고 붙이는 방식으로
차근차근 붙여 나갑니다. i의 점은 털실을 잘
라 붙이면 됩니다.

오로지 털실로만 그린 그림이 완성되었습니다. 중간에 끊어진 실이 풍선을 떠나보내는 시원섭섭한 마음을 표현하고 있습니다.

털실에 먼지가 쌓이기 쉬워서 액자를 구해 넣는 게 좋습니다. 먼지가 쌓여도 괜찮다면 양면테이프를 이용해 벽에 바로 붙여도 좋아요. 만드는 과정은 그리 어렵지 않지만 완성된 모습은 꽤 멋지죠?

알록달록 귀여운 소품이랑 두면 더 예쁘겠죠?

ITEM _ 09

종이 미러볼

햇살을 품은 듯 별빛을 삼킨 듯
반짝반짝 빛나는 동그라미.

　　　　　어렸을 적 살던 집에 옥상이 있었는데, 방학 때면 돗자리를 깔고 친구들과 드러누워 별을 봤다. 밤이 되면 서늘해진 공기가 팔을 간지럽혔고, 낮 동안 따뜻하게 데워진 바닥의 온기를 등으로 느끼는 것도 좋았다. 누워서 하늘을 빤히 보고 있으면 새까만 우주 위로 나만 붕 떠 있는 느낌이 들어 무섭기도 했다. 어쩌다 별똥별이라도 지나가는 날에는 잽싸게 눈을 감고 소원을 빌었다.

그런데 이런 별밤 모임은 늘 비슷하게 끝났다. 누군가 귀신 이야기를 시작한다. 머리칼이 쭈뼛 서고 팔에 소름이 돋기 시작하면 친구 하나가 은근슬쩍 일어나 집으로 간다. 그러면 혼자 남겨지지 않기 위해 한둘씩 일어나 모조리 도망치는 것으로 모임은 막을 내린다.

어른이 되면서 별과의 관계가 소원해졌다. 이제 귀신 이야기를 해도 도망치지 않을 자신이 있지만, 정작 밤하늘을 올려다볼 일이 별로 없다. 도시의 불빛 때문에 별이 잘 보이지 않는다는 핑계로 별의 존재를 잊고 사는 것 같다.

그런 도시 어른들이 별을 보는 날이 있다. 불꽃 축제. 불꽃이 터질

때마다 어른들은 상기된 표정으로 소리를 지르고, 눈은 별똥별을 볼 때만큼이나 반짝거린다. 난 설렘과 이별한 지 오래된 어른들이 아이처럼 변하는 순간이 좋다. 왜인지는 정확히 모르겠지만 반짝이는 것은 사람들을 설레게 한다.

지루한 일상으로 축 처진 방에 미러볼을 만들어 매달아 본다. 살짝 방정맞은 것 같긴 하지만 방 공기가 한결 명랑해졌다. 춤을 춰야 할 것 같기도 하고, 침대에 누워서 미러볼 행성을 관찰해야 할 것 같기도 하다. 해 같기도 하고, 달 같기도 하고, 별 같기도 하다. 반짝이는 것들은 많이 볼수록 좋다. 그래야 우리 눈이 빛을 잃지 않을 테니까.

스티로폼 공(지름 15~20cm), 메탈 종이, 목공용 풀, 칼, 자, 물음표 나사, 은색 실, 반짝이는 눈망울

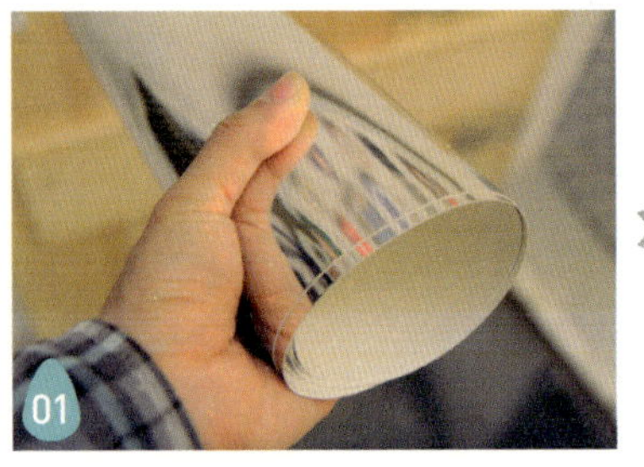

01

화방이나 문구점에서 반사가 잘 되는 메탈 종이(거울 종이)를 삽니다. 가급적 두꺼운 게 좋아요.

02

자와 칼을 이용해서 종이를 정사각형 모양으로 자릅니다. 크기는 2센티미터 내외로 일정하게 잘라 줍니다. 너무 작게 자르면 붙이는 데 오래 걸리고, 너무 크면 공 모양이 투박해집니다.

03

정사각형으로 자른 종이는 가로, 세로로(안쪽으로) 살짝 접어 줍니다. 이렇게 하면 공의 둥근 면에 붙이기가 쉽고 한 번에 4조각을 붙인 효과가 나요.

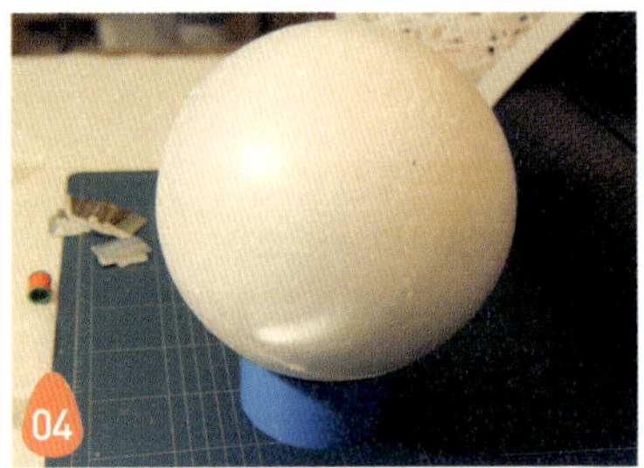

04

문구점에서 스티로폼 공을 삽니다. 사진처럼 박스 테이프 위에다 올려 놓고 작업하면 완전 편합니다.

정사각형으로 자른 메탈 종이 가운데에 목공용 풀을 바르고 스티로폼 공에 붙여 나갑니다. 종이를 붙일 때는 바로 전에 붙인 종이 위로 약간 겹쳐서 붙여 줍니다. 종이 사이의 틈이 보이지 않도록 말이죠. 한 줄을 끝내고 다음 줄을 붙일 때도 앞에 붙인 줄 위로 약간 겹쳐서 붙입니다.

꼭대기나 바닥 쪽으로 갈수록 공간이 조금밖에 안 남을 거예요. 나사를 박아야 하니 꼭대기는 공간을 조금만 남겨 두고, 바닥 쪽은 사진처럼 적당히 겹쳐서 붙이다가 정중앙에 한 장을 붙여 주면 됩니다.

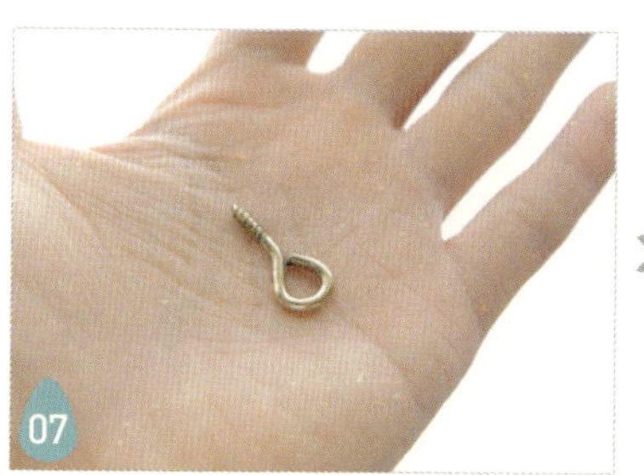

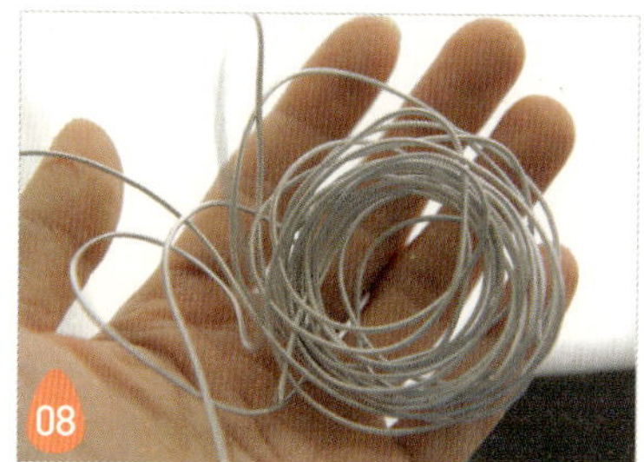

철물점에서 물음표 나사를 삽니다.

문구점에서 은빛이 나는 실을 삽니다. 일반 실이나 낚싯줄을 써도 좋아요.

물음표 나사를 미러볼 꼭대기에 살살 '돌려서' 박고 은색 실을 매달아 줍니다.

적당한 위치를 찾아 매달아 주면 끝! 방 천장에 붙이고 싶다면 투명 테이프로 고정해 주세요.

우주인 레고 장난감을 함께 달아 두니 영화 <그래비티>의 한 장면 같네요.

명언 액자

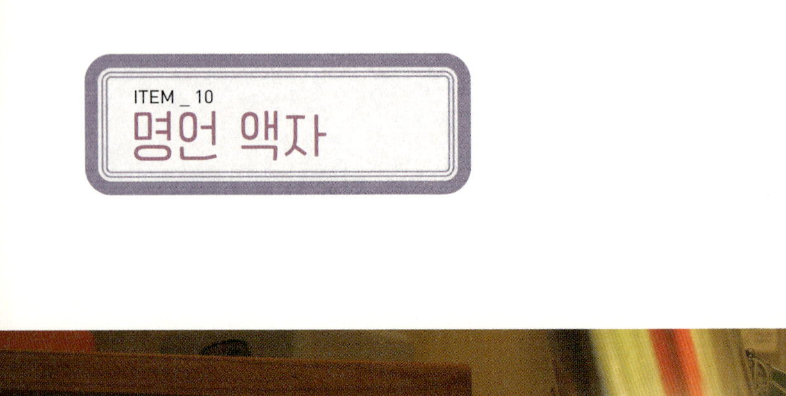

머리를 시원하게 식혀 준 그 말,
마음을 따뜻하게 위로했던 그 말,
심장을 뜨겁게 뛰게 했던 그 말들.

너한테 해 주고 싶은 말이 있어.

고등학교 2학년 때 담임 선생님은 지구과학 담당이었다. 작고 마른 체구, 눈 밑에는 다크서클이 내려앉고, 볼은 깊게 패여 가난한 독립투사 같았다. 분명 예민하기 때문에 말랐을 것이고, 그럼 성격도 까칠할 테고, 그렇다면 온몸에 차가운 피가 흐를 거라고 확신했다. 새 학기가 시작되고 선생님이 자신을 소개할 때 난 속으로 중얼거렸다.

'잘못 걸렸어. 완전 위험한 인상이야. 구석구석 따라다니면서 괴롭힐 상이라고!'

하지만 예상은 빗나갔고 선생님은 매를 거의 들지 않으셨다. 그렇다고 유머러스하거나 편안한 스타일은 아니었다. 대신 진지함의 아우라가 온몸에서 풍겨 났다.

그런데 선생님이 매를 들지 않아서인지 우리 반은 항상 전교 꼴찌였다. 선생님도 교장 선생님한테 이런저런 소리를 듣고 자존심도 상했을 것이다. 시험 성적이 발표되는 날, 선생님은 매번 어두운 표정으로 교실로 들어오셨다. 그리고 인생의 선배로서 진지한 이야기를 하고 나가셨다. 공부에 대한 이야기도 있었지만 주로 인생에 대한 이야기, 꿈에 대한 이야기였다. 선생님이 말씀하시는 순간만

큼은 아이들도 숙연해졌지만 나가시자마자 언제 그랬냐는 듯이 또 떠들기 시작했다.

그런데 난 이상하게 선생님의 그런 진심 어린 충고가 좋았다. 그 시간만큼은 확실히 가슴 어딘가가 뜨끈뜨끈해졌고 지금보다 더 나은 사람이 되고 싶었다. 특히 선생님이 명언 비슷한 문구를 인용하실 때가 그랬다. 자세히 기억이 나지는 않지만 대부분 한 가지 주제였다.

'너희들의 인생을 스스로 소중히 여겨라.'

알고 있지만 항상 잊어버린다. 꿈을 찾는 것도, 공부를 하는 것도 모두 소중한 나를 위해 하는 거다. 선생님은 이걸 가르쳐 주고 싶었고, 매를 드는 대신 묵직한 말들을 쏟아내 내 가슴을 두근거리게 하신 거다. 매일 보면서 가슴이 뜨거워질 수 있게 명언 액자를 만들어 보면 어떨까. 가장 소중한 친구에게 주는 선물로도 손색이 없을 것이다.

넌 황금보다 더 가치 있어.

You are worth more than gold.

우드락 보드(두께 1cm), 시트지, A4 종이, 펜, 칼, 천 바느질용 바늘, 작은 못이나 금속 핀, 약간 긴 손톱

문구점이나 화방에서 1센티미터 두께의 우드락 보드를 삽니다. 핀을 꽂아야 하기 때문에 살짝 두꺼운게 좋아요. 자, 이제 만들고 싶은 크기로 자릅니다. 저는 A4 사이즈로 잘랐습니다.

우드락 보드를 그냥 써도 되지만, 표면에 흠집이 잘 나기 때문에 시트지로 한 번 감싸 주는 게 좋습니다. 귀찮은 친구들은 09번 단계로 바로 넘어가도 됩니다. 시트지를 붙일 친구들은 잘라 놓은 우드락 보드보다 사방으로 여유 있게 시트지를 잘라 둡니다. 뒤쪽까지 감싸야 하니까요.

시트지 뒷면을 벗겨 내고 매끈한 책상 위에 올려놓습니다. 머리카락이나 지우개 가루가 붙지 않도록 조심하세요.

시트지 접착 면에 우드락 보드를 올려놓고 꾹꾹 눌러 줍니다.

05

접착한 부분에 기포가 생기면 모서리 쪽까지 살살 문질러서 기포를 없애 주세요. 손톱으로 모서리 라인을 따라 긁어 주면서 각을 만들면 액자 모양이 더 잘 살아요.

06

상자를 포장할 때처럼 귀퉁이를 가위로 잘라 내고 삐져나오는 부분이 없게 잘 붙여 줍니다.

07

뒷면은 보이지 않기 때문에(!) 너무 스트레스 받지 말고 융통성 있게 붙이세요.

08

중요한 건 앞면! 앞면에 기포가 생기지 않고, 모서리 각이 살아 있도록 붙이면 됩니다.

이제 나만의 명언을 적을 차례입니다. 우드락 보드와 같은 크기의 종이에 연필이나 펜으로 문구를 적습니다. 저는 영어로 했지만 한글로 해도 멋지겠지요. 다만 너무 길지 않아야 지치지 않을 거예요. http://me2.do/GQWWZWGY에서 '명언 액자.jpg' 파일을 받아 A4 종이에 출력해서 쓰세요.

문구를 적은 종이를 우드락 보드에 테이프로 임시 고정합니다. 임시 고정이긴 하지만 종이가 흔들리지 않게 붙이는 게 중요해요. 이제 바늘로 글자를 송송송 찔러 줍니다. 바늘 두께나 구멍 간격은 나중에 꽂을 핀이나 못의 크기를 생각해서 결정합니다. 저는 작은 핀을 쓸 거라 촘촘하게 뚫은 편입니다.

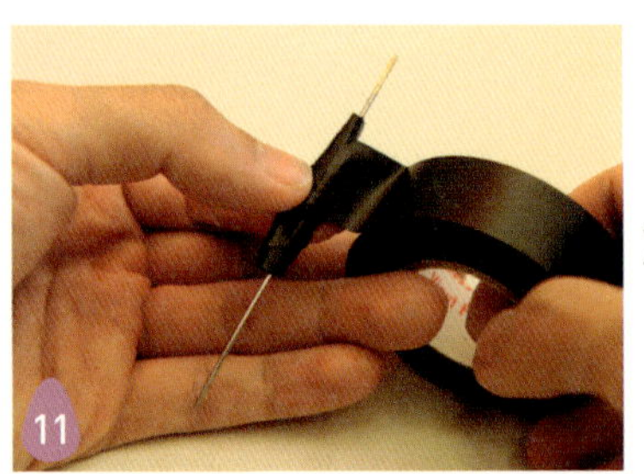

참, 바늘은 미끄럽고 얇기 때문에 절연 테이프로 감아 놓으면 바늘을 잡기가 편하고 손가락이 덜 아플 거예요.

마지막 글자까지 다 찔렀으면 이제 종이를 떼어 내세요. 이렇게 구멍으로 된 글자들이 나타날 겁니다.

이제 구멍에 작은 못이나 핀을 꽂기만 하면
됩니다. 저는 문구에 'gold'라는 단어가 들
어가 있어서 작은 금색 못을 썼습니다. '나는
용암처럼 뜨거워'라는 문구라면 빨간색 머
리가 달린 핀을 쓰면 어울리겠죠?

핀은 끝까지 꽂지 마세요. 핀이 어느 정도
튀어나와야 입체감이 생기거든요. 조명이
나 햇빛을 받아 그림자가 생기면 꽤 멋있습
니다.

짜잔! 완성됐습니다. 핀을 꽂는 과정이 단순
하긴 하지만 시간이 많이 걸려서 쉽지는 않
았을 거예요. 그래도 정성을 들인 만큼 멋진
작품이 탄생합니다. 핀을 꽂으면서 마음속
에도 한 자, 한 자 명언을 새겨 넣어 보세요.

대형 우드락 보드에 머리가 큰 압정을 꽂아서 큰 사이즈로 만들 수도 있어요!

스탠드 아래 두면 입체감도 살아나고 더 반짝거립니다.

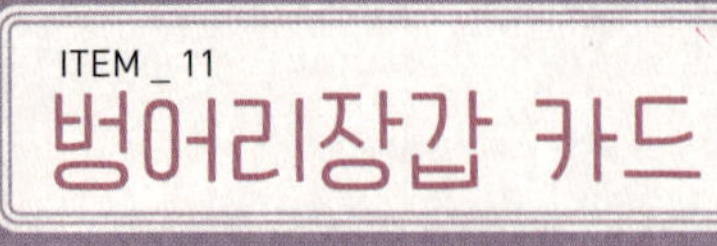

실수인 척 떨어트리고는 "어, 내 장갑 좀 주워 줄래?"

올해 겨울은 유난히 춥다. 네 손이 따뜻했으면 좋겠다.
벙어리장갑을 선물하려고 했다. 근데 생각해 보니 오버다.
그래서 대신 벙어리장갑 카드를 만들었다.

고등학교 2학년 때부터 대학에 들어가기 전까지 한 살 많은 누나와 펜팔을 했다. 요즘엔 보기 힘들지만 15년 전만 하더라도 손 편지를 쓰는 사람이 많았다. 비슷한 처지의 고등학생에게 고민과 꿈과 자질구레한 이야기를 늘어놓다 보면, 편지가 열 장이 넘기도 했다. 그러면 편지 봉투가 엄청 뚱뚱해져서 반송되지 않게 우표로 도배를 해야 했다.

친구들은 쉬는 시간에 막힘없이 편지를 써 내려가는 나를 신기해 했다. 내성적이었던 나에게 편지를 쓰는 시간은 유일하게 속내를 드러내는 시간이었다. 무언가를 표현하고 쏟아부을 대상이 필요했고, 비록 한 번도 보지 못했지만 펜팔 누나가 그런 대상이 되어 주었다.

감성적인 글쓰기를 좋아했던 나에게 편지를 쓰는 시간은 작문을 할 수 있는 시간이기도 했다. 내가 논술을 어려워하지 않았던 것도 편지 쓰는 습관 때문이 아니었을까. 적당한 단어를 골라내고 문장을 배치하는 일은 항상 해 왔던 일이니까. 펜팔 누나도 미대 입시를 준비하고 있어서 편지에 캐릭터를 그려 넣고, 편지지를 디자인하면서 작은 재미를 느꼈던 것 같다.

나는 창의적인 인간으로 살고 싶었고 펜팔 누나의 조언을 듣고 수능 시험 몇 개월 전에 예체능 계열로 전향했다. 물론 부모님과 선생님은 걱정을 많이 하셨다. 하지만 난 그 결정을 한 뒤로 어느 때보다 더 열심히 공부했다. 결국 난 디자인학과에 합격했고 지금도 여전히 디자인과 밀접한 관계를 맺고 있다. 즉 나를 여기까지 데리고 온 건 5할 이상이 펜팔 누나라고 할 수 있다.

이렇게 인생에 큰 영향을 끼치지 않더라도 편지가 주는 소소한 선물들은 많다. 기다림과 정성을 담아 편지를 주고받다 보면 조금 불편하긴 하지만 서로가 느끼는 감정의 깊이는 그만큼 더 깊어진다. 요즘은 카톡이니 화상통화니 대화 수단이 지천으로 깔려 있다. 하지만 편리함을 얻은 대신 애틋한 기다림과 감성을 잃었다. 사실 더 이상 손 편지를 쓰지 않고 의미 없이 카톡을 날리는 내 엄지손가락을 볼 때도 안타까운 마음이 든다.

카톡은 잠시 내려놓고 가끔은 손 편지를 써 보자. 정성 들여 직접 뜨개질한 종이 벙어리장갑에다. 꽁꽁 언 손을 녹여 주는 벙어리장갑처럼 만드는 사람이나 받는 사람 모두 마음이 따뜻해질 게 분명하다.

두꺼운 A4 종이, 칼이나 가위, 풀, 바늘, 색실, 색깔 펜, 털실, 벙어리장갑처럼 따뜻한 마음

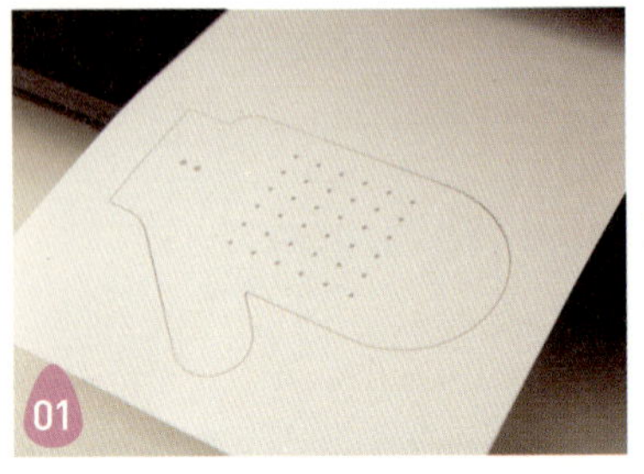

http://me2.do/GQWWZWGY에서 '벙어리장갑.jpg'를 다운로드해 A4 종이에 출력합니다. 가급적 두꺼운 종이를 사용하는 게 좋아요. 색지에 프린트를 해도 좋구요.

프린트한 종이를 카드처럼 반으로 접습니다. 사진처럼 새끼손가락 쪽 면이 접는 선이 됩니다.

종이를 접은 상태에서 접힌 부분만 남기고 벙어리장갑 모양대로 오려 줍니다.

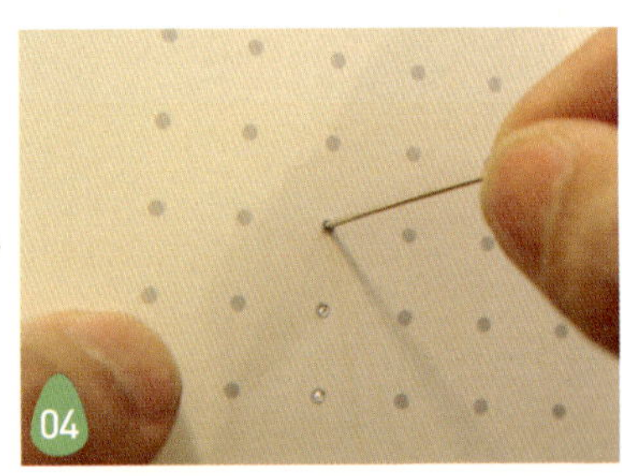

책 뒤쪽 도안 중에서 원하는 모양을 선택합니다. 저는 루돌프 모양을 선택했습니다. 도안을 잘 보면서 바느질을 할 곳에다 구멍을 미리 뚫어 줍니다.

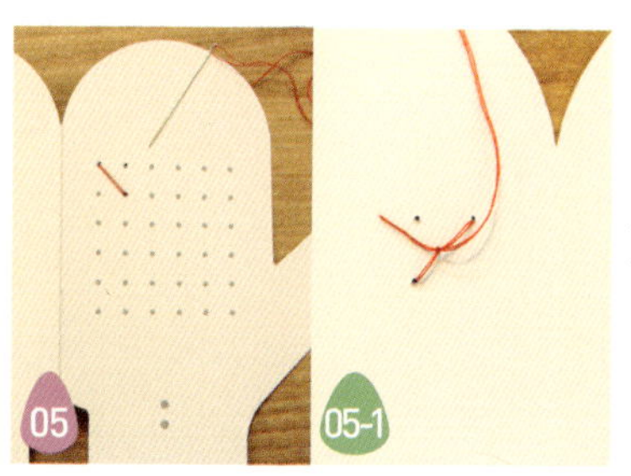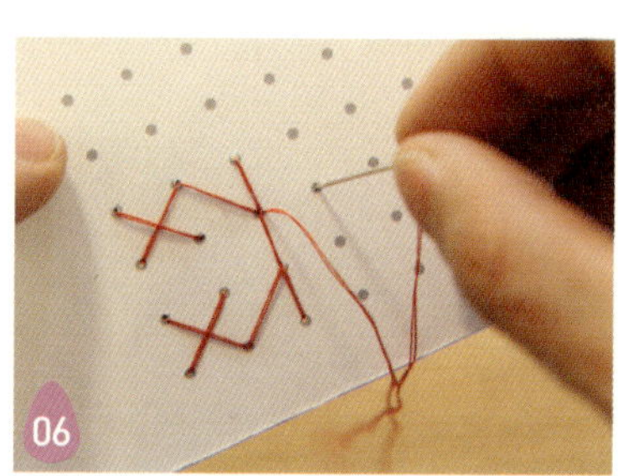

원하는 색깔의 실로 첫 바느질을 합니다. 뒷면에서 시작해 앞면으로 나와 루돌프의 첫 번째 선을 만든 후에, 다시 뒷면으로 돌아와 묶어서 매듭을 짓습니다.

이제 실이 고정이 됐으니 한 칸씩 바느질을 해서 선을 만들어 나갑니다. 순서는 신경 쓰지 말고 한 칸씩 이동하면서 바느질을 하면 됩니다. 하나도 어렵지 않아요. 뒷면은 엉망 진창이 되어도 괜찮아요. 어차피 풀을 발라서 붙일 거니까요.

루돌프 모양 완성!

이제 매듭을 지어야겠죠? 뒷면에서 바늘을 옆쪽 실에 걸고 매듭을 지어 주면 마무리가 됩니다. 남은 실은 잘라 줍니다.

09

바느질하지 않은 쪽 종이에 풀을 발라 줍니다. 가장자리까지 꼼꼼히 발라 주세요.

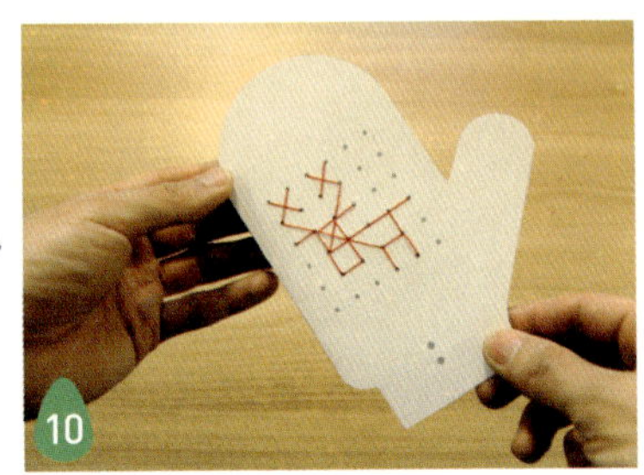

10

양쪽 면을 붙여 주세요. 붙인 다음 5분 정도 책을 올려놓으면 더 잘 붙을 거예요.

11

이제 장식을 해 볼까요? 겨울 분위기에 어울리게 색깔 펜으로 문양을 그려 줍니다. 눈꽃 모양이나 스웨터에서 볼 수 있는 겨울 문양을 따라 그려 주면 좋아요.

12

짜잔~ 세상에 하나밖에 없는 루돌프 벙어리 장갑 완성!

뒷면에 메시지를 쓸 수 있어요.

하나 더! 장갑 아래쪽에 송곳이나 못으로 구멍을 두 개 뚫은 후에 털실로 묶어 줍니다.

반대편 실에도 장갑을 연결합니다. 두 개를 연결하니까 진짜 벙어리장갑 같죠? 제가 만든 문양 말고도 자신만의 문양을 디자인해 보세요!

인테리어 소품으로도 활용할 수 있어요.

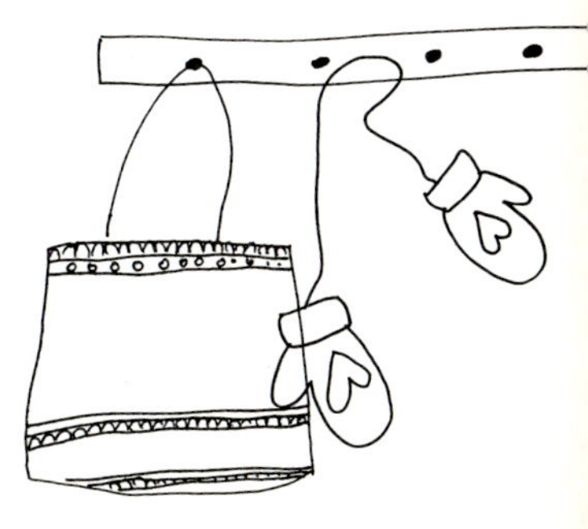

엄청 추운데 행복해!

ITEM _ 12
인디언 텐트

너도 언젠가 스스로의 길을 찾게 되겠지.
시간이 지나 어른이 되었을 때,
그때가 되면 널 닮은 누군가를 품어 줄 인디언 텐트가 되어 주겠니.

라마는 남미에 사니까 인디언 텐트에 들어가 봤겠지?

넌 지금 어쩌면 마음속 차갑고 깜깜한 동굴을 헤매고 있을지도 몰라. 어디로 가야 출구를 찾을 수 있는지 묻고 싶겠지. 하지만 나도 내 인생밖에 살아 보지 않았으니 네 인생에 정답을 줄 수는 없어. 그러니 가급적 널 잘 아는 많은 선배들의 이야기를 듣고 너 스스로 판단을 내려야겠지.

인디언 텐트 얘기를 해 줄게. 인디언 텐트를 만들려면 먼저 튼튼한 나무 기둥들을 모아서 서로에게 기댄 후에 줄로 묶어야 해. 그 위에 천을 둘러서 바람을 막지. 어른이라면 모두 인디언 텐트가 되어야 하는 것 같아. 아이가 다 컸다고, 시시하다고 텐트를 박차고 나가기 전까지는 머리를 맞대고 감성과 꿈을 키울 수 있는 공간을 마련해 주어야 해. 아이가 컴컴한 동굴로 숨어들지 않게 말이야. 그게 교육과 문화인데 어른들이 너희를 제대로 지켜 주지 못해서 미안한 마음이 있어.

네 일상을 잘 아는 선생님과 가족과 친구들의 이야기에 귀를 기울

여 봐. 이들이 네 인디언 텐트가 돼 줄 수 있어. 그리고 책 속의 이야기들에도 몰입해 보고. 그 속에 힌트가 꽤 많이 숨어 있거든.

어리고 여린 너에게 조금 더 해 주고 싶은 이야기는 말이야. 아무리 슬픈 일이라도 지나고 나면 씽긋 미소를 짓게 된다는 거야. 넌 일 년이 지나면 더 강해질 거고, 또 일 년이 지나면 더 여유가 생길 거야. 길게 보지 않아도 되고, 먼 미래의 꿈이 없어도 돼. 그렇게 일 년씩, 일 년씩 짧게 보고 계획하면서 살면 돼. 사계절이 몇 번 지나고 나면 그때 내가 왜 그랬지 하면서 얼굴이 빨개질 거야. 누워 있다면 이불을 걷어차게 될 거고. 그 발길질은 네 마음의 키가 컸다는 증거지.

그때가 되면 너도 스스로 길을 찾게 될 거야. 누군가에게 튼튼한 인디언 텐트가 되어 있을지도 모르지.

있잖아. 넌 내 어린 시절보다 훨씬 더 단단해.

난 믿어. 넌 좋은 어른이 되어 있을 거야.

나무젓가락 3벌, 고무줄, 칼, 가위, 바늘, 실, 핀, 글루건, 천(20×35cm), 마 끈, 색깔 펜, 누군가를 지켜 주고 싶은 마음

01

나무젓가락에 칼집을 넣어 깨끗하게 분리합니다. 짜장면 먹을 때처럼 급하게 뜯으면 짝짝이가 되기 십상입니다.

02

나무젓가락 4개를 모은 다음, 하나의 고무줄로 각각의 나무젓가락을 두세 번 감습니다. 고무줄을 감는 위치는 위에서 3센티미터 정도면 됩니다.

03

이제 4개를 한 묶음으로 전체적으로 두세 번 감아 줍니다. 이렇게 하면 젓가락을 벌려도 넘어지지 않고 고정이 잘 됩니다.

04

사진처럼 나무젓가락들을 적당히 벌리면 인디언 텐트 기둥이 완성됩니다.

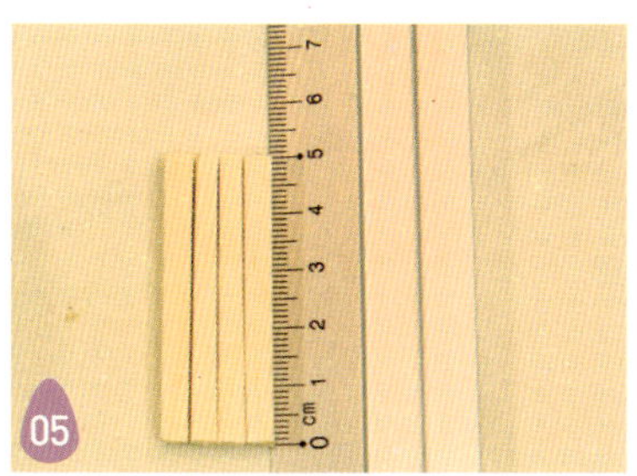

다른 나무젓가락을 잘라 5센티미터짜리 작은 기둥 4개를 만들어 둡니다.

글루건으로 큰 기둥 아래 끝에서 10센티미터 정도 올라온 지점을 표시하고 작은 기둥을 붙입니다. 이렇게 하면 큰 기둥이 휘청거리지 않고 단단하게 지탱이 됩니다. 작은 기둥이 큰 기둥 바깥으로 튀어나오지 않도록 주의합니다. 과정 07 사진을 참고하세요.

사진처럼 아래쪽에 두 개를 받치고 위쪽에 두 개를 올려놓으면 됩니다. 작은 기둥 완성!

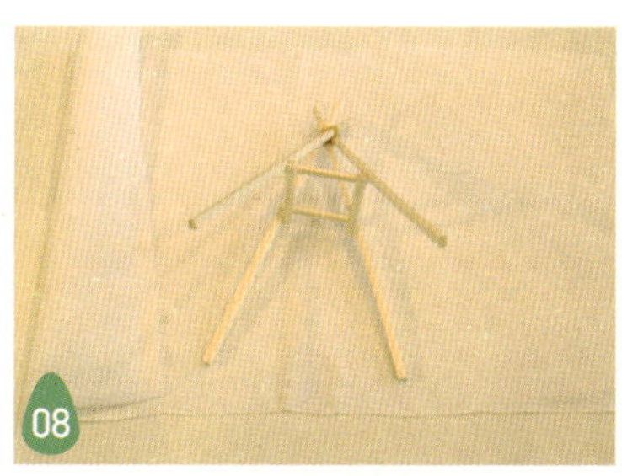

20×35센티미터 천을 준비합니다. 목이 늘어난 티셔츠를 잘라서 만들어도 되겠죠? 적당한 무늬가 있는 천도 좋습니다.

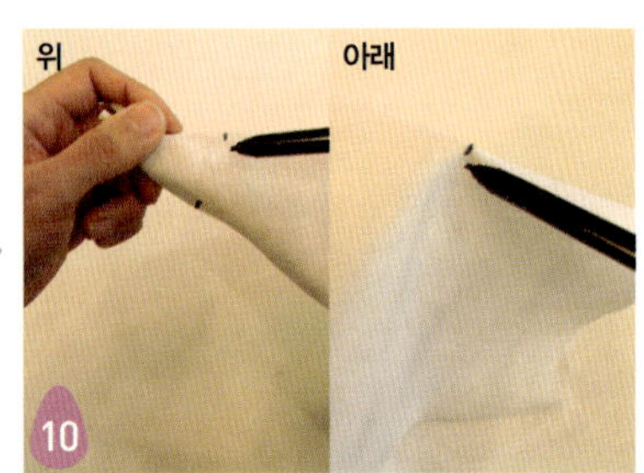

외투를 입히듯 기둥에 천을 한 바퀴 둘러 줍니다. 고무줄 아래쪽으로 감싸면 돼요. 사진처럼 천 두 장이 겹쳐지는 쪽을 핀으로 고정합니다.

이대로 쓰면 목 부분이 답답하고 아랫부분은 너무 길어서 안 예쁘겠죠? 이제 정리를 해 봅시다. 위쪽은 고무줄 아래로 3센티미터, 아래쪽은 나무젓가락 끝이 닿는 곳을 펜으로 표시합니다. 사진처럼 나무젓가락과 천이 닿는 부분마다 톡톡 표시를 해 주면 됩니다.

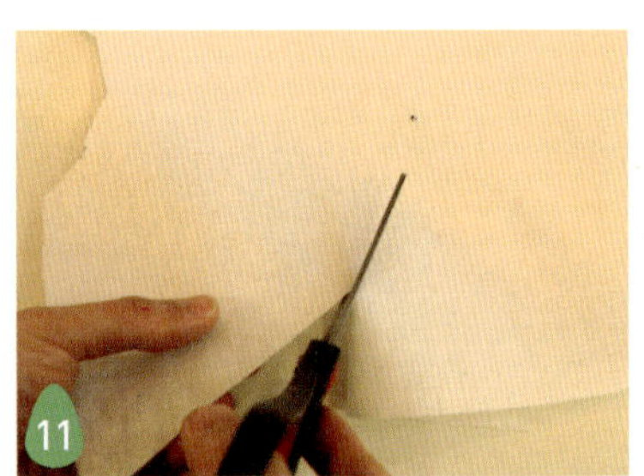
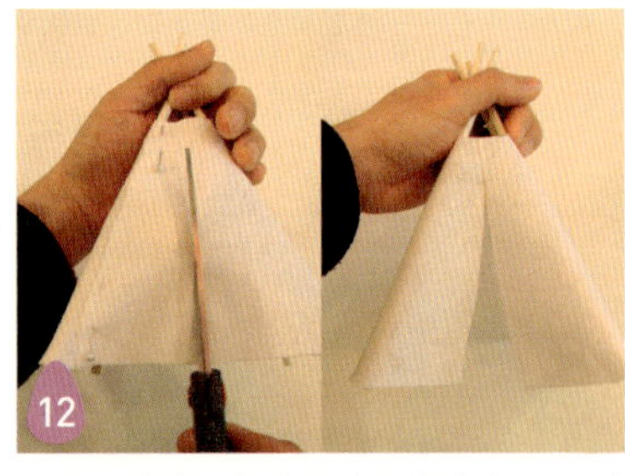

아랫부분과 윗부분에 표시한 점과 점 사이를 직선으로 연결해 잘라 줍니다. 과정 14 사진을 참고하세요.

제대로 잘렸는지 천을 기둥에 입혀 보고, 천이 겹쳐지는 부분의 정 가운데를 수직으로 끝까지 잘라 줍니다. 이 부분이 텐트의 문이 됩니다. 잘라 내고 남은 자투리 천은 문양을 디자인해 보는 테스트용으로 보관해 두세요.

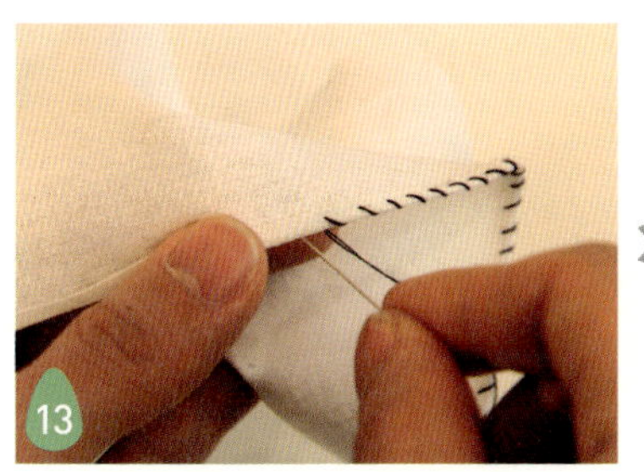

13

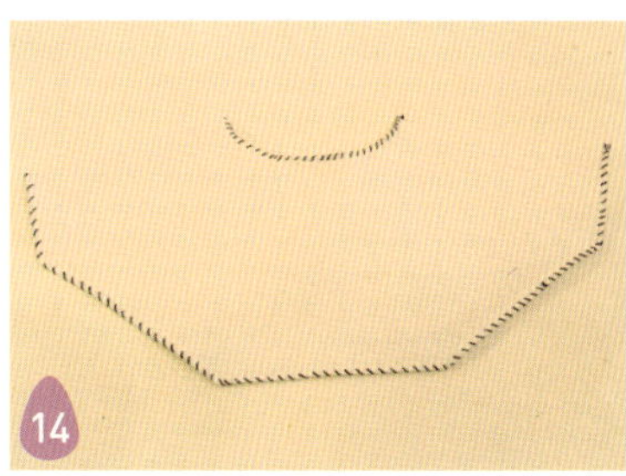

14

이제 문이 될 부분을 제외한 위아래 라인을 휘갑치기로 바느질해 줍니다. 일자 박음질보다는 휘갑치기가 더 잘 어울립니다. 천의 가장자리를 5밀리미터 정도 접는 것 잊지 마세요.

휘갑치기 완성!

15

16

이제 천에 넣을 문양을 디자인해 봅니다. 삼각형 모양을 활용하면 인디언 느낌이 납니다. 자투리 천에 테스트해 보세요. 잘 번지지 않는 펜을 쓰는 게 좋습니다. 책 뒤쪽에 도안이 여러 개 있으니까 참고하세요.

천을 펼쳐 놓고 문양을 그려 줍니다.

입구가 될 부분을 1센티미터 정도 겹친 다음 X 모양으로 바느질을 해서 연결합니다. 아래 절반 정도는 남겨 두어 입구를 열 수 있게 합니다.

기둥에 천을 씌우고 입구를 얼마나 벌리면 좋을지 가늠해 봅니다. 그런 다음 사진처럼 접힌 부분을 실로 한 번만 바느질해서 입구가 벌어지게 합니다.

기둥을 묶어 놓은 고무줄을 칼로 끊고 마 끈이나 가죽 끈으로 다시 묶어 주면 더 완성도가 높아집니다.

인디언 텐트 완성! 옷을 입히듯 천을 기둥 위로 넣었다 뺐다 할 수 있습니다.

내가 곁에 있을게.

내가 너에게 길들여질수록
넌 나에게 소중해진단다.

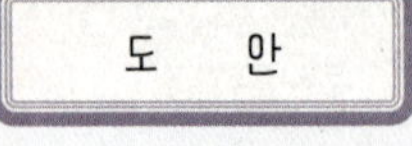

'나비 액자' 나비 모양

'나비 액자' 나비 모양

‘렛잇고 풍선 액자’ 글자

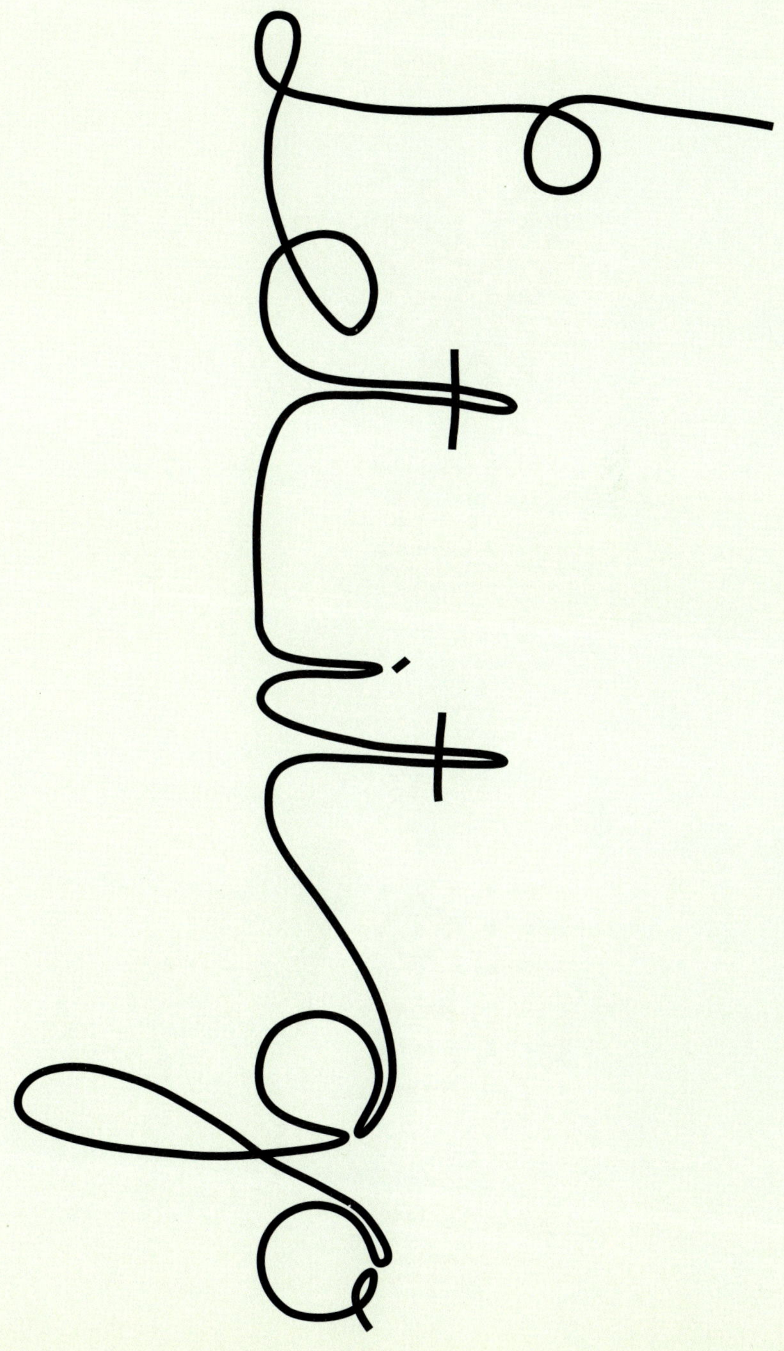

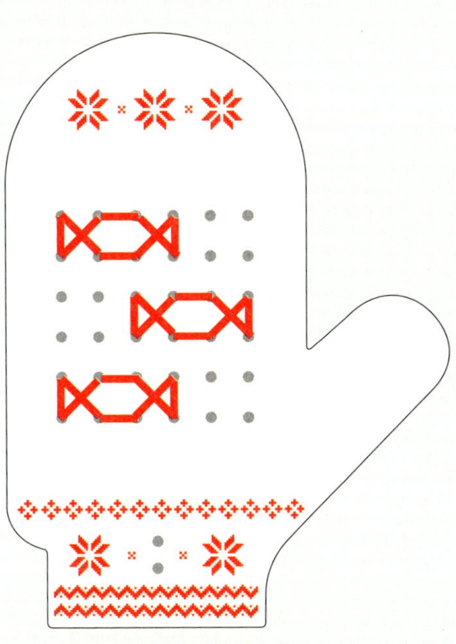

'인디언 텐트' 문양

십대를 위한 꿈지락 작업실 02
소녀소녀 처음 소품

초판 1쇄 펴냄 2014년 7월 18일
초판 2쇄 펴냄 2014년 11월 17일

지은이 우연수집가
펴낸이 고영은 박미숙

편집이사 인영아 ｜ 기획편집 김현정
뜨인돌기획팀 박경수 강은하 김현정 김영은
뜨인돌어린이기획팀 이경화 여은영 ｜ 디자인실 김세라 오경화
마케팅팀 이학수 진영수 ｜ 경영지원팀 김용만 오상욱 임진희

본문디자인 디자인그룹 올

펴낸곳 뜨인돌출판(주) ｜ 출판등록 1994.10.11(제2011-000185호)
주소 121-896 서울시 마포구 성미산로 6길 45
홈페이지 www.ddstone.com ｜ 블로그 blog.naver.com/ddstone1994
대표전화 02-337-5252 ｜ 팩스 02-337-5868

ⓒ 2014, 우연수집가

ISBN 978-89-5807-530-1 13630
(CIP제어번호 : CIP 2014019406)